Leidest du noch
oder
lebst du schon ?

Michael Begelspacher

Leidest du noch oder lebst du schon ?

Mit der MB-Methode
zum Erwachen und Verstehen,
dass nur Sie es ändern können

MISUNA Verlag

Misuna Verlag e. K.

Wichtiger Hinweis:
Der Verfasser dieses Buches ist kein Mediziner und kann insofern auch keinen medizinischen Rat geben. Die in diesem Werk mitgeteilten Gedanken, Methoden und Anregungen bieten keinesfalls einen Ersatz für die Beratung oder Behandlung durch Personen, die zur Ausübung von Heilmethoden zugelassen sind. Jede/ r Leser/ in ist für das eigene Handeln selbst verantwortlich. Eine Haftung für etwaige Personen-, Sach- oder Vermögensschäden ist hiermit ausgeschlossen.

Bibliografische Information der Deutschen Nationalbibliothek:
Die Deutsche Nationalbibliothek verzeichnet diese Publikation in der Deutschen Nationalbibliografie; detaillierte bibliografische Daten sind im Internet über http: // dnb.d-nb.de abrufbar.

Satz, Umschlagdesign, Herstellung und Verlag:
Books on Demand GmbH, Norderstedt
ISBN: 978-3-8370-4897-1

Neuauflage Mai 2014
Satz, Umschlagdesign, Herstellung und Verlag:
Misuna Verlag e. K., Freiburg im Breisgau
ISBN: 978-3-944444-02-4 Paperback (dieses Buch)
ISBN: 978-3-944444-03-1 E-Book
ISBN: 978-3-944444-04-8 Hörbuch

Inhaltsverzeichnis

Inhaltsverzeichnis

Vorwort

Diese ewig steigenden Benzinpreise !« – »Seit es den Euro gibt, ist alles teurer geworden !« – »Mein Chef macht mich noch mal wahnsinnig !« – »Mein Mann liebt mich nicht mehr !« – »Meine Frau will kaum noch mir mit schlafen !« – »Wenn ich doch nur wüsste, wo meine Allergie herkommt !« – »Wieso habe gerade ich Krebs (oder eine andere Krankheit) ?« – »Warum ist mein Kind verhaltensauffällig ?« – »Weshalb werde ich meine Sucht (Essen, Rauchen, Trinken, Computer etc.) nicht los ?« – »Was will denn das Finanzamt schon wieder von mir ? – »Wieso kommt immer dann, wenn es mir gut geht, solch ein Hammer ! ?«

Kennen Sie solche Aussagen ?

Jede dieser Aussagen bedeutet Leid. Es sind Aussagen von Menschen, die nicht wissen, was hier läuft. Und sie denken, sie seien Opfer der Umstände. Ob die Umstände nun der Partner, der Chef, die Regierung, das Finanzamt, der Arzt oder sonst wer sind, spielt dabei keine Rolle.

Wenn auch Sie das Gefühl haben, nicht zu wissen, was mit Ihnen geschieht, werden Sie ebenfalls immer wieder Opfer der Umstände, denn Unwissenheit bedeutet Leid und Opferrolle. Solche ungelösten Aussagen beschäftigen Sie und wirken in Ihnen weiter. Dadurch stressen Sie Ihren Körper – und der wird irgendwann seinen Dienst quittieren: ob mit psychischen, physischen oder psychosomatischen Störungen. Und dann wird das Leid noch deutlicher sichtbar.

Wenn Sie das nicht nur verhindern, sondern auch noch lernen wollen, wie Sie ein selbstbestimmtes, erfülltes und glückliches Leben führen können, haben Sie das richtige Buch in der Hand. Denn es liegt ganz an Ihnen, aus Ihrem Leben etwas zu machen. Dafür ist niemand außer Sie selbst verantwortlich.

Und ist das nicht schön, zu wissen, dass Sie selbst es gestalten können. Das bedeutet absolute Freiheit.

All die genialen Bücher über positives Denken – Bücher wie »The Secret«, »Bleep«, »The Master Key System« oder was auch immer – »funktionieren« nicht, wenn Sie nicht Ihre Selbstsabotageprogramme, die in Ihrem Unterbewusstsein ablaufen, verstehen und lösen lernen.

Sie haben dieses Buch vermutlich in der Hand, weil Sie der Titel angesprochen hat. Vielleicht leiden Sie oder Sie fühlen sich selbst als Opfer oder kennen jemanden, der ständig leidet und dem die Opferrolle auf die Stirn geschrieben steht. Dieses Buch richtet sich an alle, die sich um sich und um ihr Wohlbefinden kümmern und ihre Opferrolle verlassen, ihr Leid beenden und in die Freiheit wollen. Es richtet sich auch an Kranke, die die oft hilflosen Diagnosen von Medizinern oder anderen Heilern satt haben. Ebenso an Gesunde, die gesund bleiben wollen. An Menschen oder Therapeuten, die ihre Arbeit verändern oder bereichern möchten.

Letztendlich an alle Menschen, die sich kennen und verstehen lernen möchten. Es kann wie eine Art Bedienungsanleitung für ihr Leben sein. Wer weiß denn schon genau, wie das Leben funktioniert. Und damit meine ich nicht physiologisch, sondern psychologisch und spirituell.

Der Sinn dieses Buches besteht nicht darin, neue Weisheiten zu verbreiten oder neue Behauptungen aufzustellen. Mein Wunsch und Ziel ist es, Ihnen zu helfen, dass Sie sich zu helfen lernen. Und vor allem, Ihre Wahrheit herauszufinden, nicht meine zu übernehmen. Wenn meine Ideen oder Wahrheiten zu Ihren passen, dann gerne, ansonsten ist es das Ziel des Buches, Ihnen so viel an die Hand zu geben, dass Sie Ihre eigenen Wahrheiten herausfinden und leben lernen.

Dies ist ein Prozess, der Sie in eine ungeahnte Freiheit führen wird.

Sollte Sie das eine oder andere in diesem Buch Beschriebene besonders ansprechen, im positiven wie im negativen Sinne, dann sind Sie bereits an Ihrer Wahrheit. Es bedeutet, dass es mit Ihnen in Resonanz kommt, d. h. die gleiche Schwingung hat wie Sie. Und das heißt, dass Ihr Organismus es bereits kennt.

Dieses meist unbewusste Wissen gilt es dann in das Bewusstsein zu bringen und kennen zu lernen. Denn es sind meist die unbewussten Prozesse, die uns in Schwierigkeiten bringen. Erst wenn wir uns diese unbewussten Prozesse klarmachen und verstehen lernen, wie wir diese nutzen können, ist Heilung und Freiheit möglich. Was auch immer unbewusst abläuft, kann positive, aber auch negative und todbringende Wirkungen haben.

Ist es also nicht sinnvoll, etwas mehr darüber zu erfahren und zu lernen? Was ich nicht weiß oder verstehe, kann ich auch nicht nutzen oder anwenden. Und es wäre töricht zu glauben, dass es so etwas wie Unbewusstes oder Unterbewusstsein nicht gibt. Wenn dem so wäre, wären wir nicht lebensfähig, da wir uns ständig an das Ein- und Ausatmen, die Regelung der Körpertemperatur, des Pulses usw. erinnern müssten. Wir hätten gar keine Zeit für etwas anderes.

Denn das alles regelt unser Unterbewusstsein. Es sichert auch unser Überleben, indem es uns vor Angriffen schützt. Dies können Angriffe seitens Bakterien, Viren oder auch Angriffe von Menschen sein. Das Verhalten von Menschen ist allerdings vielschichtig. Das bedeutet, dass unser Unbewusstes oft Dinge erkennt oder abwehrt, die gar nicht so gemeint sind.

Und wenn das so ist, beginnt ein Albtraum, der unser gesamtes Leben lang dauern und es uns zur Hölle machen kann. Der Grund ist, dass etwas als real angenommen wird, das auf einem Missverständnis beruht. Und da es unterhalb unserer Bewusstseinsschwelle (im Unterbewusstsein) abläuft, wissen wir ja nichts davon, können also auch nichts unternehmen. Das daraus folgende Unbehagen wird zwar meist sehr schnell durch bestimmte Verhaltensweisen, Körpersignale oder Krankheiten sicht- oder fühlbar, aber leider meist unterdrückt oder wegtherapiert.

Wenn Sie mit diesem Buch arbeiten, werden sich für Sie ungeahnte Möglichkeiten eröffnen, denn es wird Ihnen helfen sich und auch Ihre Mitmenschen besser kennen und verstehen zu lernen, sich aus der eventuellen Opferrolle zu befreien und auch dafür zu sorgen, nicht gleich wieder in die nächste zu geraten.

Für wen dieses Buch geeignet ist:

Dieses Buch richtet sich an Menschen, die Heilung wollen, ebenso wie an Therapeuten oder Heiler, die ihren Patienten / Klienten schnell und effizient helfen wollen.

Es ist auch für Menschen gedacht, denen es meist gut geht und die wollen, dass es auch so bleibt. Wenn Sie dieses Buch gelesen haben, ist bewusstes Leiden nicht mehr möglich. Wenn Sie mit dem Buch arbeiten, wird sich auch Ihr unbewusstes Leid auflösen können.

☺

Einleitung: Was Sie von diesem Buch erwarten können

In meine Praxis kommen Menschen mit den unterschiedlichsten Symptomen, Problemen und Wünschen, wie z. B. Krebsleiden, multiple Sklerose, Hautkrankheiten, Angststörungen, Panikattacken, Depressionen, Lernblockaden, Essstörungen, Beziehungsproblemen, Kindern, die auffällig wurden und vieles andere mehr. In der Regel haben diese Menschen einen langen Leidensweg hinter sich.

Was ihnen sofort weiterhilft, ist, dass ihnen endlich mal jemand erklärt, was hier bei ihnen läuft und warum es so läuft. Und vor allem, wie sie da rauskommen. Um irgendwo rauszukommen, muss man allerdings erst mal begreifen, dass man irgendwo drinsteckt und wo drin man steckt.

Der erste Schritt ist also nicht raus, sondern rein. Wie das alles funktioniert, ist Bestandteil dieses Buches. Denn wer leidet, macht sich automatisch zum Opfer.

Sie werden lernen, weshalb immer alles richtig läuft und nur zu Ihrem Besten ist. Das mag jetzt im Angesicht einer Krebsdiagnose sehr respektlos klingen. Es hat aber seinen Grund, warum jemand an Krebs erkrankt. Krebs entsteht nicht von heute auf morgen. Es handelt sich dabei um jahrelang »wegtherapierte« Symptome, die nicht als Signale verstanden wurden. Jedes dieser Signale (Symptome) hat seinen Grund. Sie entfernen ja auch nicht die Ölkontrollleuchte Ihres Autos, wenn diese leuchtet. Wenn doch, wird es sehr teuer, denn es hat einen Motorschaden zur Folge.

Das gilt auch für uns Menschen: Entfernen wir einfach nur die Signale, kann man sich ausrechnen, dass das nicht lange gut gehen kann. Man bekommt ebenfalls irgendwann einen »Motorschaden«. Denn unser Motor ist unser Herz und wenn das streikt, wird es nicht einfach nur teuer wie beim Auto, sondern lebensbedrohlich. In der Regel geht es immer um unser Herz und die Herzlichkeit. Denn das Hauptproblem einer jeden Krankheit ist, dass wir irgendwann in der

Vergangenheit so verletzt wurden, dass wir unser Herz verschließen mussten. Nur geöffnet haben es dann die meisten nie mehr, sonst wären Krankheiten beinahe unmöglich. Denn wer gelernt hat, auf sein Herz zu hören, bekommt jede Antwort und Hilfe. Wenn man aber sein Herz verschlossen hat, kann man nicht nur seine eigene Botschaft, die Botschaft des Körpers, sondern auch andere Botschaften nicht erkennen und annehmen.

Wenn Sie verstehen und lernen, warum eine Krankheit zu einem bestimmten Zeitpunkt kommt, werden Sie diese nicht nur heilen können, sondern ihr auch dankbar sein. Außerdem wissen Sie dann, was Sie tun müssen, damit sie nicht wiederkommt.

Ich höre immer wieder von Krebs- oder Herzinfarktpatienten, dass sie diesem Signal, das eine Krankheit sein kann, unendlich dankbar sind. Denn es hat ihr Leben verändert und bewusster gemacht. Wenn man unwissend und unbewusst ist, braucht man eben solche Signale. Das ist ja auch nicht schlimm. Schlimm wird es nur, wenn man diese nicht versteht und einfach nur entfernt. Auch ich bekomme hin und wieder Signale, die ich dankend annehme und mich meist sofort darum kümmere.

Krankheit ist der Ort des Lernens !

Und wenn ich mich mal nicht gleich darum kümmere, ist das auch nicht weiter schlimm. Denn das nächststärkere Signal wartet schon. Wenn dieses sich meldet, gehe ich dem allerdings sofort nach. Es ist nicht schlimm, leichtere Signale mal zu verschieben oder gar zu unterdrücken. Das ist menschlich. Schlimm wird es eben nur, wenn man versucht, sie auf Dauer zu unterdrücken. Der Organismus muss dann zu immer stärkeren Maßnahmen greifen. Und glauben Sie mir: Er wird es tun ohne Rücksicht auf Verluste. Denn er hat nichts mehr zu verlieren. Er signalisiert ja nicht aus Langeweile, sondern aus der Not heraus. Erkennen Sie diese Not nicht, dann wird es für ihn notwendig, härtere Geschütze aufzufahren.

Ihr Körper ist ein genialer und selbst heilender Organismus, der darauf aus ist, alles Schädliche und Krankmachende zu eliminieren. Daran lässt er sich nicht hindern. Hindern Sie ihn dennoch durch Unwissenheit, wird er Sie und sich selbst eliminieren. Ihr Organismus möchte auf Dauer keinen unlösbaren Krieg in sich haben.

Also lassen Sie sich und Ihren Körper nicht im Stich. Er tut jeden Tag das Beste für Sie. Unterstützen Sie ihn, indem Sie ihm nicht durch Unwissenheit im Weg stehen und das Leben durch Leiden zur Hölle machen.

Und bei diesem Vorhaben werde ich Ihnen helfen.

Ab jetzt sind Sie nicht mehr allein.

Ich werde oft gefragt, ob ich glaube, dass jeder leidet. Ich sage dann: mehr oder weniger auf jeden Fall. Glück geht nicht ohne Leid, das ist das Gesetz der Polarität. Wenn Sie jetzt denken: Aber ich bin doch glücklich, frage ich: Und woher wissen Sie das ? Ganz einfach, Sie kennen das Gegenteil, die Polarität. Und diese wollen Sie sicher nicht erleben. Also werden Sie bewusst oder auf jeden Fall unbewusst alles dafür tun, um das zu verhindern.

Aber niemand kann ohne unbewusste Angst wirklich frei und ungetrübt glücklich sein. Auch wenn es sich vielleicht so anfühlt. Die unbewusste Angst bestimmt größtenteils Ihr Leben. Das ist nicht schlimm, es ist ein normaler Schutzmechanismus, also Selbstverteidigung. »Schlimm« ist nur, wenn Sie es aus Unwissenheit ignorieren.

Wenn Sie es mit Hilfe dieses Buches nicht schaffen, kann ich Ihnen auch direkt in meiner Praxis oder in einem Seminar zu diesem Thema weiterhelfen.

Es braucht meist nur einen kleinen Anstoß und dann geht es direkt in die Freiheit.

Viel Spaß und Erfolg beim Lesen und Üben !

Michael Begelspacher

☺

Teil 1:
Grundlagen und Theorie

1.1 Leid und Opferrolle

Unter Leid, Opfer oder Opferrolle verstehe ich die Position, in der sich Menschen befinden, die glauben, dass ihnen Unrecht getan wird oder dass etwas schiefläuft. Sie schimpfen meist und suchen die Schuld bei anderen: Es sind immer die anderen schuld. Sie selber können nichts dafür. Sie sind einfach Opfer der Umstände.

Es ist ein hilfloser und bedrohlicher Zustand. Oft gefolgt von allerlei psychischen und psychosomatischen Leiden, wie Depressionen, Schlafstörungen, chronischem Müdigkeitssyndrom, ADS, Hyperaktivität, Magen-Darm-Problemen, erhöhten Leberwerten, erhöhten Cholesterinwerten, Herzbeschwerden, Hautkrankheiten und vielem mehr.

Um aus der Opferrolle herauszukommen, muss man überhaupt erst einmal wissen, dass man in dieser Rolle steckt. Man wird nirgendwo herauskommen, bevor man nicht weiß und akzeptiert, dass man drin ist und wo drin man sich befindet. Das ist oft der Punkt, an dem es schwierig wird, denn die Opferrolle kann auch sehr bequem sein. Man gibt nämlich mit ihr einfach die Verantwortung ab und schiebt sie allen anderen zu.

Der erste Schritt ist daher, die Verantwortung für sich und seinen Zustand zu übernehmen.

Wie genau das funktioniert und vor allem, dass dies sehr leicht sein kann und auch Spaß macht, erfahren Sie im zweiten Teil dieses Buches.

Zunächst ist es erst einmal wichtig, die Grundlagen dieses Symptomkomplexes zu verstehen: Wie kam es dazu, dass Sie in der Opferrolle sind ? Denn es ist immer leichter, etwas durchzuführen, wenn man die Theorie dahinter verstanden hat. Vor allem können Sie dann das Übungskonzept Ihren Bedürfnissen anpassen.

1.2 Die verschiedenen Bewusstseinsebenen

Es gibt verschiedene Bewusstseinsebenen. Wir betrachten hier die drei, die für unser Vorhaben am wichtigsten sind.

Zunächst das **Unterbewusstsein** (oder auch Unbewusste), es wird auch oft als »niederes Selbst« bezeichnet.
Es speichert alles ab, was wir erleben, und reagiert darauf. Es ist vergleichbar mit einem naiven, kleinen Kind, das erst einmal alles aufnimmt und keine Möglichkeit hat, dieses Aufgenommene zu überprüfen.

Es ist auf den Erhalt des Lebens trainiert und wird alles dafür tun, um zu überleben. Es sorgt auch hervorragend für die sogenannten Vitalfunktionen, sodass wir uns nicht um die Atmung, die Körpertemperatur und den Puls kümmern müssen. Ganz wichtig: Es kennt keine Negationen. Es nimmt alles eins zu eins auf. Da es auf die Bilder in unserem Kopf reagiert, wird es alles, was wir denken, als wahr betrachten und versuchen, es umzusetzen und auszuführen.

Wenn Sie also denken, dass Sie etwas nicht möchten, sehen Sie in der Regel nicht das, was sie stattdessen wollen, sondern das, was Sie nicht wollen. Dieses Bild von dem, was Sie nicht wollen, sieht auch Ihr Unterbewusstsein. Es »denkt« allerdings, dass Sie das wünschen und wird versuchen es auszuführen.

Ein Beispiel: Sie denken: »Ich möchte jetzt nichts Süßes essen.« Was Sie aber gedanklich sehen, sind Süßigkeiten. Denn Sie müssen sich ja von dem, was Sie nicht wollen, ein Bild machen. Sie denken zwar, dass Sie das nicht wollen, sehen aber ein Bild dieser Süßigkeiten. Das sieht Ihr Unterbewusstsein auch und denkt, dass Sie es wollen, und es beginnt es hormonell zu fordern. Und genau gegen diese Hormone wollen oder müssen Sie dann ankämpfen.

Wenn Sie Ihr Unterbewusstsein also zu Ihrem Verbündeten machen wollen, sollten Sie immer an das denken, was Sie wollen und nicht an das, was Sie nicht wollen. Denken Sie immer daran: In Ihrem Kopf gibt es keine Bilder für Negationen. Oder haben Sie, wenn Sie nichts essen wollen, in Ihrem Kopf ein Bild mit einem Essen, das rot durchgestrichen ist ?

Im Unterbewusstsein sind auch alle unsere Verletzungen, Glaubenssätze, Muster und Programme abgespeichert.

Das **Wachbewusstsein** oder »mittlere Selbst« ist der Teil des Bewusstseins, mit dem Sie jetzt gerade lesen und verstehen. Dieser Teil reagiert auf unbewusste Prozesse. Es führt meist alles ohne große Überprüfung aus. Das führt dazu, dass der Schmerz einer abgespeicherten Erfahrung im Unterbewusstsein uns in bestimmten Situationen vorgaukelt, dass wir »sterben«, wenn wir nicht sofort etwas tun. Und dieses muss meist so schnell getan werden, dass keine Zeit zum Nachdenken bleibt. Dafür ist das Wachbewusstsein zuständig.

Wenn Menschen sich streiten oder aneinander vorbeireden, fühlt Ihr Unbewusstes sich nicht verstanden und erinnert sich an ähnliche Verletzungen in der Vergangenheit. Anstatt zu überdenken, ob dieses Gefühl heute noch Sinn macht, wird hier nur gefühlt und abgewehrt. Das unbewusst bedrohliche Gefühl kommt also erst gar nicht ins Wachbewusstsein, wo es konstruktiv umgesetzt werden könnte.

Das **Überbewusstsein**, »höheres Selbst« genannt, ist unsere Schnittstelle zu höheren Ebenen. Dies kann unsere Seele, das können Engel, aufgestiegene Meister, der Kosmos oder auch Gott sein. Je nachdem, mit wem Sie in Kontakt treten wollen. Mit dem höheren Selbst kann man nicht direkt in Kontakt treten. Dies läuft immer erst über das Unterbewusstsein und gelingt meiner Erfahrung nach auch nur, wenn man mit unbewussten und selbstzerstörerischen Programmen im Unterbewusstsein aufgeräumt hat.

1.3 Wie alles begann

Beginnen wir ganz von vorne. Mit »ganz von vorne« meine ich den Anfang unseres Lebens. Ich gehe dazu bis zur Zeugung zurück. Damit meine ich die Frage: Mit welcher Energie wird ein Kind gezeugt? Wird eine Frau vergewaltigt und es geht ein Kind daraus hervor, wird dieses Kind mit Sicherheit die Energie des Täters und auch die Energie des Opfers in sich tragen.

Gehen wir hier aber einmal von einer ganz »normalen« Zeugung aus. Als Beispiel nehme ich mal eine unbewusste Zeugung. Also das Paar schläft miteinander und ohne dass sie es wissen, geht daraus ein Kind hervor. Irgendwann merkt die Frau, dass etwas nicht stimmt, und macht einen Test oder sie geht zum Arzt. Wenn der Arzt ihr dann das Ergebnis (ich nenne es im Weiteren die »Diagnose«) mitteilt, ist es absolut entscheidend, was die Mutter denkt oder sagt.

Sagt sie z. B.: »Mist, ich wollte doch erst noch mein Studium abschließen«, oder: »Wir bauen doch gerade unser Haus, das passt jetzt aber gar nicht«, hat sie sicher Recht und meint es auch nur gut. Es ist aber nicht entscheidend, was sie sagt, sondern das, was beim Embryo ankommt.

Der Embryo befindet sich die erste Zeit nach seinem Entstehen unentdeckt im Mutterbauch. Sofern die Umgebungsbedingungen der Mutter ganz normal sind, wird das Kind sich sehr wohl fühlen. Ich nenne es ein »kosmisches Bewusstsein«: Er fühlt sich noch eins mit sich und dem Kosmos. Er ist geschützt, schwerelos, hat es warm und weich, ist in Sicherheit und wird ernährt. Er fühlt sich normalerweise wohl und sicher.

In dem Moment, in dem er durch den Arzt entdeckt wird und die Mutter so wie oben reagiert, ist es allerdings sofort vorbei mit der unbeobachteten Ruhe und Sicherheit. Der Embryo bekommt ganz genau mit, was da »draußen« vor sich geht und besprochen wird. Er wird nicht verstehen, dass die Mutter nur ihre Unsicherheit ausspricht, sondern er wird fühlen, dass er nicht willkommen ist. Also mit Sicherheit wird er Todesangst verspüren.

Ich führe, je nach dem vorliegenden Problem oder Symptom, meine Klienten meist mittels Hypnose bis zu dem Punkt der Diagnose zurück. Dann weiß der Klient aus erster Hand, was damals wirklich war.

Auf jeden Fall wird jeder Organismus, egal wie hoch entwickelt er ist, bei Bedrohung instinktiv immer mit Flucht oder Angriff reagieren. In diesem Fall bleibt dem Embryo nur die Flucht. Das natürlich nicht im wörtlichen Sinn. Wohin sollte er auch fliehen ? Was der Embryo aber in der Regel macht, ist, sich ganz ruhig zu verhalten, in der Hoffnung, es dadurch zu überleben. Ob er dabei denkt oder die Hoffnung fühlt, durch diesen »Rückzug« nicht entdeckt zu werden, wird oft unterschiedlich beschrieben. Manche Klienten erzählen, sie hätten einfach nur brav sein wollen, in der Hoffnung, dass die Mutter sich das noch einmal überlegt und den Embryo annimmt.

Es ist in jedem Fall für den Embryo durch die Aussage der Mutter eine lebensbedrohliche Situation entstanden, die in der Kindheit und vor allem spätestens im Erwachsenenalter zu großen Problemen führen wird. Diese Probleme können, werden sie nie erkannt und therapiert, das Leben des Menschen zu einem Albtraum machen, geprägt von dem Schmerz des Gefühls, nicht gewünscht zu sein, und von dem Gefühl, keine Lebensberechtigung zu haben. Die ständige Suche nach Liebe und Anerkennung wird den Menschen irgendwann in große, nicht lösbare Probleme stürzen.

Ich komme später noch genauer auf solche Fälle zu sprechen.

Es ist also wichtig zu wissen und zu verstehen: Was lief im Mutterbauch ab und auf welche Weise? Unter welcher Bedingung begann das Leben (der Embryo) sich zu entwickeln? Mit der Freude des Gewünschtseins oder mit der Angst des Nicht-erwünscht-Seins und der Unsicherheit, abgetrieben, also umgebracht zu werden ? Oder mit Gleichgültigkeit ? Es gibt sicherlich auch noch jede Menge Nuancen dazwischen.

Das nächste bekannte Problem ist die Geburt. Dort wird das Kind mit den Wehen konfrontiert. Dies wird als das »Geburtstrauma« bezeichnet. Hier setzt sich das Kind mit existenziellen Ängsten auseinander. Je nach Dauer der Geburt kann das natürlich noch tragischer werden. Hier zeigt sich auch oft, ob das Kind überhaupt rausmöchte oder sich vor lauter Angst, umgebracht zu werden, »querstellt«.

Jeder Mensch erlebt bei einer normalen Geburt ein Geburtstrauma. Das hat nicht nur Nachteile, denn es ist für den Organismus auch wichtig, sich durchsetzen zu lernen, denn er wird dadurch auch widerstandsfähiger. Doch sehr oft ist das Geburtstrauma auch dafür verantwortlich, dass Menschen später unter Kontrollzwang oder unerklärbaren Ängsten leiden.

1.4 In der Welt angekommen

Ist das Kind auf der Welt, wird es sich durch Artikulation seiner Grundbedürfnisse bemerkbar machen. Diese Grundbedürfnisse sind Nahrung, Wärme, Schutz, Ansprache, Berührung, Liebe. Werden diese Bedürfnisse befriedigt, ist alles in Ordnung. Wenn nicht, wird das Kind instinktiv Signale senden.

Gehen zum Beispiel beide Eltern arbeiten, wird das Kind bei der ersten Abwesenheit der Mutter wie gewohnt auf sich aufmerksam machen. Es wird also erst einmal schreien. Jetzt kommt aber irgendjemand anderes, z. B. die Oma, der Opa oder eine Tagesmutter. Die sich sicherlich ganz liebevoll um das Kind kümmern. Das Kind spürt aber ganz genau, dass das nicht die Mutter oder der Vater ist. Es wird also keine Ruhe geben. Es will die Sicherheit der Eltern. Sollte das ganze Schreien nichts bringen, wird das Kind vielleicht das geringere Übel in Kauf nehmen und vor lauter Hysterie oder Übermüdung irgendwann sich und seine Interessen aufgeben. Das Schreien ist ja auch sehr anstrengend und schmerzhaft.

Allerdings wird das Kind am ersten Abend, wenn die Eltern nach Hause kommen, völlig aus dem Häuschen sein und sich freuen, wieder in gewohnter Sicherheit zu sein.

Der Alptraum beginnt allerdings am nächsten Tag von vorne. Das Kind wird dann die gleiche Erfahrung machen wie am Tag zuvor, nämlich dass es nichts bringt, auf sich aufmerksam zu machen. Es kommt sowieso niemand, zu dem es bedingungsloses Vertrauen hat.

Was dann passiert, ist entscheidend für das weitere Leben. Das Kind wird, wie jeder lebende Organismus, ganz instinktiv lernen den Schmerz zu umgehen bzw. zu vermeiden.

Auch hier gibt es wie immer in Gefahrensituationen nur Flucht oder Angriff. Der Angriff, also stärkeres oder andauerndes Schreien, hat ja nichts gebracht. Bleibt also nur noch die Flucht. Die Flucht besteht aus dem Zurückziehen und Zurücknehmen. Das Kind lernt also, die Gefühle zurückzunehmen, um den Schmerz zu vermeiden. Es wird erst gar nicht mehr schreien, denn das bringt ja sowieso nichts. Es wird also ein Programm gestartet, das besagt: Wenn ich mich zurücknehme und ruhig bin, fahre ich besser. Auf mich aufmerksam zu machen tut, da ja sowieso niemand kommt, nur noch mehr weh.

Jedes kreierte Programm und das daraus resultierende Verhaltensmuster entsteht, wie in diesem Beispiel, meist aus einer Notsituation heraus und hat die positive Absicht, Schmerzen zu vermeiden. Man spricht hier von einer »Prägung«. Das Kind ist geprägt von dem nicht ernst genommenen Bedürfnis nach Sicherheit. Es wird sich also in der Kindheit zurücknehmen, da es nicht dauernd verletzt werden möchte.

Da das allerdings ein Organismus auf Dauer nicht aushalten kann, wird das Kind immer wieder versuchen, mit den Eltern in Kontakt zu kommen, um herauszufinden, ob es denn überhaupt noch geliebt wird, es wäre sonst auf Dauer nicht überlebensfähig. Es wird, wenn es laufen und sprechen kann, versuchen brav zu sein (Flucht) oder extrem aufmüpfig und anstrengend (Angriff).

Als Beispiel nehmen wir einmal an, dass das Kind tagsüber ein Bild gemalt hat, das es abends voller Stolz den Eltern zeigen möchte. Es wartet also ungeduldig auf die Eltern. Nun kommen diese zur Tür herein. Sie hatten vielleicht einen anstrengenden Arbeitstag und freuen sich auf den Feierabend. Sie sind gerade im Begriff, ihre Jacken an die Garderobe zu hängen, da kommt das Kind angestürzt und will mit all seinem Stolz das tolle Bild vorzeigen. Wenn die Eltern jetzt, vielleicht etwas genervt, sagen: »Jetzt lass uns doch erst mal die Jacken aufhängen !«, ist das für das Kind, das den ganzen Tag auf diesen Moment gewartet hat, sicherlich ein Schock und es wird sich zurückgewiesen fühlen. Vielleicht fängt es an zu weinen oder zieht sich erst einmal in sein Zimmer zurück. Entweder es taucht dann wieder von alleine auf oder die Eltern holen es. Entscheidend kann auch sein, was in der Zwischenzeit passiert: Das Kind wird den Schmerz fühlen und der Organismus wird wieder instinktiv versuchen, ein Programm zu starten, das diesen Schmerz in Zukunft verhindern soll.

Das Kind wird also lernen müssen, besser aufzupassen und zu beobachten, wie die Eltern drauf sind, bevor es auf sich aufmerksam machen darf. Es lernt, sich wieder einmal zurückzunehmen, um Schmerzen zu vermeiden.

Es kann nun sein, dass das Kind im Zimmer sitzt und vielleicht, bis es gerufen wird oder von selbst kommt, noch etwas an seinem Bild malt. Wenn es dann zu den Eltern kommt und diese das Bild anschauen und sagen: »Was für ein tolles Bild«, kann es sein, dass der Organismus wiederum, um Schmerzen zu vermeiden, interpretiert: Der erste Entwurf meines Bildes war vielleicht nicht gut genug, ich bin also nicht gut genug. Ich muss in der Zukunft also alles geben, dann gibt es keine so komischen Gefühle. Es lernt also schon jetzt, besser werden zu müssen: Der Startschuss für Perfektionismus.

Das ist nur eine Möglichkeit von vielen. Entscheidend ist zu verstehen, dass unser Organismus mit einem Schmerzvermeidungsprinzip auf die Welt kommt. Er wird also alles tun, um auf die erlernte Weise zu überleben. Und emotionale Schmerzen und Verletzungen sind für unseren Organismus lebensbedrohlich.

Und um zu überleben, wird der Organismus immer Programme starten, die das Überleben sichern sollen und vor allem dafür sorgen, dass so etwas nicht mehr passiert. Diese Programme werden immer mit einer positiven Absicht kreiert. Er generalisiert diese Erfahrung, indem er annimmt: Wenn mich ein Mensch verletzen kann, können es auch die anderen. Sind das zunächst die Eltern – sozusagen die »Götter«, die das Kind erschaffen haben – und das Kind kann diesen schon nicht mehr trauen, wem denn dann ? Es wird also ganz instinktiv lernen, niemandem mehr einfach so zu vertrauen. Noch nicht einmal sich selbst.

Die Muster bzw. die Programme werden, wie schon erwähnt, zum Zeitpunkt X, dem Punkt der Verletzung, kreiert und laufen, sofern sie nicht irgendwann entdeckt und verändert werden, ein Leben lang. Der Mensch ist also geprägt.

1.5 Weshalb wir zunächst einmal keinen freien Willen haben

Wie im vorigen Kapitel beschrieben, reagieren wir immer auf Grund eines Reiz-Reaktions-Mechanismus. Dieser ist darauf aus, Schmerzen zu vermeiden.

Wie aber können wir einen freien Willen haben, wenn unser Organismus völlig selbstständig – also »selbst« und »ständig« – auf Reize reagiert, die er auf Gefahr hin untersucht, und im Falle einer Bedrohung sofort auf Abwehr / Flucht oder Angriff schaltet ? Und das ohne unser Zutun.

Und so ist es: Wir können da gar nichts machen. Wenn wir es mitbekommen, läuft es ja bereits. Wir kommen also immer zu spät. Dies ist in einer echten Krisensituation auch völlig in Ordnung und überlebenswichtig, sonst wäre die Menschheit sicherlich schon ausgestorben. Das Problem ist aber, dass der Organismus auch nicht wirklich lebensbedrohliche Dinge als gefährlich einstuft und dann eben »auf Automatik« sein erlerntes Programm abspult. Wir können erst einmal nichts dagegen tun. Wie schon erwähnt: Wenn wir es mitbekommen, läuft es bereits.

Wo ist dann also der viel zitierte freie Wille des Menschen ? Ich meine damit nicht, dass ich nicht entscheiden kann, ob ich jetzt eine Tasse Kaffee trinke oder lieber etwas esse. Wobei man auch hier fragen könnte: »Wo ist hier der freie Wille ? Ich habe Hunger und muss doch etwas essen. Ich habe gar keine Wahl.« Na ja, vielleicht sollten wir es ja auch nicht ganz so eng sehen. Denn genau genommen hätten wir dann gar nie einen freien Willen. Irgendetwas müssen wir vermutlich immer tun. Selbst wenn jetzt jemand sagen würde: »Was für ein Quatsch ! Natürlich habe ich einen freien Willen. Ich beweise es dir. Ich entscheide mich jetzt ganz freiwillig, diesen Kuchen zu essen.« Würde ich sagen: »Du hast bereits verloren, indem du mir beweisen möchtest, dass du freiwillig den Kuchen ist. Du isst ihn jetzt nur, um mir etwas zu beweisen. Du kannst es einfach nicht akzeptieren und dieses Gefühl treibt dich dazu, es mir beweisen zu wollen. Also das Gefühl, dass du vielleicht keinen freien Willen oder keine Kontrolle über dich hast, treibt dich dazu, den Kuchen zu essen. Nicht dein freier Wille.«

Sicherlich ist es sehr schwer, wenn überhaupt möglich, eine Antwort darauf zu geben, was denn dann ein freier Wille ist. Das kann auch die Wissenschaft bis heute nicht erklären. Vor allem, weil man bisher noch nicht einmal weiß, wer überhaupt dieses ICH ist, das angeblich einen oder auch keinen freien Willen hat.

Wenn Sie sich vielleicht über die Idee mit dem freien Willen aufregen und glauben, dass ich das vielleicht zu eng sehe, haben Sie vermutlich Recht. Nur haben Sie sich schon einmal gefragt, wer sich da aufregt, wer dieses Ich ist, bzw.: Wer sind Sie? Da ist sie, die immerwährende Frage nach dem: Wer bin ich ? Haben Sie darauf eine Antwort? Wenn ja, wären Sie erleuchtet.

Sollten Sie sagen: »Ich weiß doch, wer ich bin. Ich bin Manfred oder Brigitte !« Dann würde ich fragen: »Sind Sie Ihr Name ?« Vielleicht würden Sie auch sagen: »Ich bin Bankkauffrau.« Dann würde ich fragen: »Sind Sie Ihr Beruf ?« Wir könnten hier unendlich lange weitermachen. Sie werden immer wieder darauf stoßen, dass Sie nicht wissen, wer Sie wirklich sind.
Die meisten Menschen wissen auf jeden Fall, wer oder was sie nicht sind. Zum Beispiel: »Ich bin nicht glücklich.« – »Ich habe nicht genug Geld.« – »Ich kann nicht gut präsentieren.« Usw.

Also *wer* sind Sie ?

Und Sie wollen mir erzählen, Sie haben einen freien Willen, wenn Sie noch nicht einmal wissen, wer Sie sind. Dann wissen Sie vielleicht auch nicht, was Sie hier auf diesem Planeten suchen oder zu tun haben. Also Ihre Lebensaufgabe, Ihren Lebensplan, Ihre Berufung.

Sie sehen schon, es wird immer komplizierter. Denn wenn Sie keinen Plan haben, haben Sie auch keinen freien Willen. Es müsste da schon jemand anwesend sein, um mitmachen zu können. Und wenn Sie nicht oder kaum anwesend sind, weil Sie Ihr Reiz-Reaktions-Mechanismus ständig auf Trab hält, wie wollen Sie dann frei entscheiden.

In »normalen« Situationen ist dies auch kein Problem. Ob ich jetzt eine Tasse Kaffee trinke oder etwas esse, ob ich das jetzt auf Grund von Hunger oder Lust mache, ist normalerweise nicht so wichtig und auch nicht lebensbedrohlich. Was aber, wenn ich mich verliebe oder heirate? Da kann es schon etwas schwieriger und auch teurer werden. Teuer in Form einer eventuellen Scheidung oder in Form von heftigen Gefühlen, die die Gesundheit ruinieren.

Ich behaupte, dass wir in der Partnerwahl eben auch keinen freien Willen und keine freie Wahl haben. Sie fragen: Warum nicht ? Ganz einfach: Weil wir hier auch wieder nach dem alten Schmerzvermeidungsprinzip handeln. Eben re-agieren, nicht agieren.

Vielleicht fragen Sie sich jetzt: »Nach welchen Kriterien habe ich meinen Partner oder meine Partnerin ausgesucht ?«

Vielleicht war es erst mal nach visuellen Gesichtspunkten. Also das Aussehen. Dann nach den Eigenschaften. Wie z. B.: Sie muss liebevoll sein. »Wieso denn liebevoll ?«, würde ich jetzt fragen. »Frauen sind doch immer liebevoll. Oder etwa nicht ?«

Vielleicht hätten Sie darauf gar keine konkrete Antwort. Sie meinen einfach, sie solle eben liebevoll sein. Wenn ich jetzt frage: »Was ist denn liebevoll ? Woran merken Sie, dass eine Frau liebevoll ist ?«, sagen Sie vielleicht: »Ich merke es an der Art, wie sie mich ansieht. Es löst in mir ein schönes Gefühl aus. Ich fühle mich angesprochen und wichtig. Ich bin dann ganz glücklich und verliebt.«

Ich würde dann sagen: »Also, verstehe ich das richtig: Wenn eine Frau Sie liebevoll ansieht, wie auch immer das aussehen mag, dann fühlen Sie sich angesprochen. Dies löst unter Umständen Gefühle von ›Ich bin wichtig‹ aus und auch das Gefühl des Verliebtseins.«

Wenn Sie dem zustimmen, ich es also richtig verstanden habe, würde ich wahrscheinlich sagen: »Verliebt sein ist schon ein tolles Gefühl. Vielleicht eines der schönsten Gefühle. Allerdings sollten wir uns das einmal genauer anschauen.«

Bereits der Volksmund sagt hier schon: »Liebe macht blind«, oder: »Man hat eine rosarote Brille auf«.

Nun – warum ist das so ? Weil der Körper verrücktspielt. Wenn wir verliebt sind, werden verschiedene Hormone und Neurotransmitter ausgestoßen, die uns einfach etwas vorgaukeln, und wir sind nicht mehr Herr unserer Sinne. Frauen wissen, was Hormone zum Zeitpunkt ihrer Regel »anrichten« können und wie es plötzlich ihre Stimmung verändern kann.

Was passiert denn psychologisch beim Verliebtsein ?

Beim oben genannten Beispiel handelt es sich um einen Mann, der eine liebevolle Frau sucht. Die erste Frage sollte also lauten: Wieso bevorzugt er »liebevoll« als Eigenschaft ? Wahrscheinlich, weil er nie eine liebevolle Mutter hatte. Vielleicht, weil sie nach der Geburt wieder früh arbeiten ging, dauernd genervt oder überfordert war. Für ihn also nicht so da war, wie er es gebraucht hätte. Dadurch entstand ein schmerzvolles Gefühl des Alleinseins, das er sicherlich als Kind erst mal durch Schreien, also durch Auf-sich-aufmerksam-Machen zu lösen versucht hatte. Da es aber nichts gebracht hat – die Mutter war ja in diesen Momenten nicht da –, musste er die Versuche, auf sich aufmerksam zu machen, einstellen. Es entstand ein Gefühl von Schmerz, den er dann in der Form von »Ich bin halt nicht so wichtig« oder »Man liebt mich nicht« fast als Etikett mit sich herumträgt.

Dieses Gefühl: »Ich bin nicht wichtig«, trägt der Mensch sein Leben lang unbewusst in sich – sofern er es nicht entdeckt und heilt. In unserem Beispiel hat es der Mann noch nicht geheilt, sonst würde er nicht unbedingt eine liebevolle Frau suchen. Wenn ihn also eine Frau auf eine für ihn bestimmte Art ansieht, fühlt er sich natürlich angesprochen. Sie meint ja ihn. Endlich ist er mal wichtig ! Die Nummer eins. Was für ein Gefühl ! Er wird also dieses Gefühl als »verliebt« einstufen. Er fühlt sich also gut. Oder ? Könnte man jetzt nicht auch vermuten, er fühlt sich vielleicht einfach nur nicht mehr schlecht. Was ja auch den subjektiven Eindruck von »gut« auslösen kann.

Um dies genauer zu verdeutlichen, schauen wir uns folgende Grafik an.

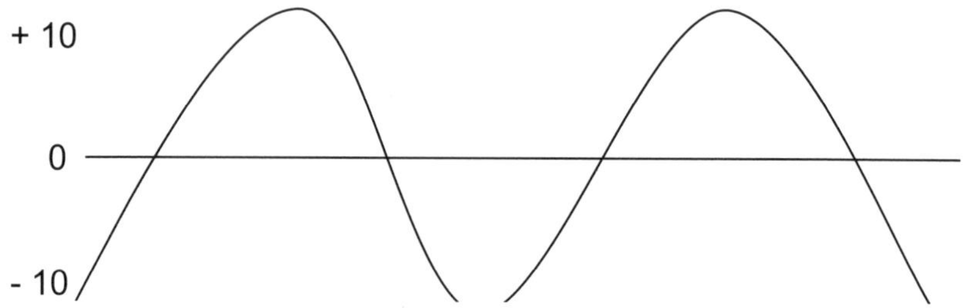

Abbildung 1: Skala der Gefühle

Wenn man sich auf Grund von schlechten Gefühlen und Erfahrungen konstant bei minus 8 oder minus 10 der in der Grafik eingezeichneten Skala aufhält und sich damit zwangsläufig abgefunden hat, ist das Gefühl zu einem Dauergefühl oder Dauerschmerz geworden. Man hat sich damit identifiziert. Es ist zu einem altbekannten Gefühl geworden.

Ich nenne es später auch »Lieblingsgefühl«, weil wir uns daran gewöhnt haben und es zu unserem ständigen Begleiter wird. Und auch Sicherheit gibt. Man kennt ja nichts anderes.

Wenn jetzt plötzlich das Gefühl von Verliebtsein auftaucht, kann es ja sein, dass der Mensch plötzlich ein »Zehner«-Gefühl hat. Wenn wir von einem Start bei null ausgehen, wäre er dann bei plus 10, das sind 100 Prozent. Das schönste Gefühl, was ein Mensch haben kann ! Ich hätte die Skala natürlich auch auf Hundert anlegen können. Dann hätte er jetzt ein Gefühl von Hundert. Wir bleiben jetzt aber bei einem Plus-10Gefühl. Was nämlich, wenn der Mann die Frau in seinem tiefen Tal, an seinem Tiefpunkt, also bei minus 10 trifft ? Dann hat er auch den maximalen Gewinn von 10 Punkten. Dann ist er allerdings erst bei null. Es fühlt sich allerdings wie plus 10 an. Genau genommen fühlt er sich also nicht sehr gut, sondern einfach nur nicht mehr sehr schlecht.

Er fühlt also das Gefühl des Verliebtseins. Und warum ? Weil ihm die Frau für den Moment den unbewussten Schmerz aus der Vergangenheit nimmt. Der blinde Fleck dabei ist, dass dieser Mensch nicht merkt, dass er gar keine Wahl und keinen freien Willen hat. Er muss sich zwangsläufig in diese Person verlieben. Es ist sicherlich ein sehr schönes Gefühl. Allerdings auch ein gefährliches oder anstrengendes Gefühl.

Bewusst ist es das wohl eher erst mal nicht. Aber unbewusst brodelt die Angst, es bloß nicht wieder zu verlieren. Was wiederum zum Klammern, zu Verlustängsten und Eifersucht führen kann. Auch da haben wir wieder keinen freien Willen, da dies der Organismus selbst steuert. Wir sind dann eher passiv und hilflos. Und meist passiert vor lauter Angst, die Frau zu verlieren, eben genau das, wovor wir am meisten Angst haben. Eben weil der Organismus aus dem Schmerzvermeidungsprinzip alles nur Mögliche versucht, um das Gefühl »Ich bin nichts wert und werde nicht geliebt« zu verhindern. So versucht er die andere Person zu manipulieren, überfordert sie und schlägt sie irgendwann in die Flucht. Er wird also wieder keine Wahl und keinen freien Willen haben.

Nun, das mag jetzt alles sehr düster und aussichtslos wirken. Das ist es auch, aber nur, wenn man keinen Einblick in solche Mechanismen hat.

Als ich mich zum ersten Mal mit der Idee, dass ich vielleicht keinen freien Willen habe, auseinandergesetzt habe, hat mir das im ersten Moment Angst gemacht. Ich habe mir dann zu beweisen versucht, dass das auf mich nicht zutrifft. Und musste bei ehrlichem Hinschauen feststellen, dass allein der Gedanke, dass ich es beweisen wollte, schon bereits aus dem Schmerz heraus entstand. Der Schmerz, ich könnte eventuell keine Kontrolle haben.

Also hatte ich hier bereits schon verloren. Dann dachte ich, ich mache es mir leichter, indem ich eben zugebe, dass ich keinen freien Willen habe. Ich dachte, wenn ich schon nicht frei entscheiden kann, dann akzeptiere ich das eben, also entscheide mich dafür, dass es so ist. Ich gebe mich dem hin und akzeptiere, dass es eben so ist. Dann bin ich doch eine Ebene höher und »heble« das Ganze damit aus. Also ich entscheide mich dafür, dass ich nicht entscheiden kann. Weil dies ja der Organismus auf Grund meiner unbewussten Ängste,

Programme, Muster und Prägungen macht.

Na ja, ehrlich gesagt, habe ich das auch nur getan, weil ich eben eine Stufe höher sein, also doch wieder bestimmen und kontrollieren wollte.

In der Zwischenzeit weiß ich, dass es einen sicheren Weg aus dem Dilemma gibt. Ich werde es im Kapitel »Wie löse ich mein Problem und erfahre Heilung« genau erklären. So viel nur vorweg: Die Idee beruht auf meiner Erfahrung, dass es noch etwas Höheres gibt, das uns steuert und unterstützt. Und das ist absolut rein und nur zu unserem Wohl. Wenn wir uns diesem widmen können, dann haben wir einen freien Willen oder wir sind in der Lage, ihn in Besitz zu nehmen. Und dann wird das Leben ganz leicht und schön. Davor können wir unseren freien Willen eben auf Grund unserer unbewussten Vorgänge nicht in Besitz nehmen.

1.6 Weshalb Loslassen nicht einfach so funktioniert

Immer wieder hört man: Lass doch los. Das ist leichter gesagt als getan.

Warum funktioniert es in der Regel nicht ? Weil man erst einmal gar nicht weiß, was wirklich losgelassen werden soll. Man würde gerne das unangenehme Gefühl loswerden oder loslassen, es geht aber nicht oder es kommt dauernd zurück. Das liegt auch wieder an unseren unbewussten Prozessen. Das Gefühl, dass man gerne loslassen würde, trägt allerdings eine Botschaft in sich. Es hat etwas zu bedeuten und möchte verstanden werden. Es wird erst dann Ruhe geben, wenn es verstanden wurde. Wenn wir jetzt einmal von einer positiven Absicht hinter dem Gefühl ausgehen, dann wäre es ja sehr dumm und leichtsinnig, es einfach loswerden zu wollen. Man würde ja gar nichts lernen. Also sollte das Motto lauten: Annehmen, was da ist. Und zwar so lange, bis die Botschaft dahinter verstanden wurde. Dann lässt es mich los.

Fazit: Loslassen funktioniert dann, wenn ich bereit bin, das anzunehmen, was da ist. Dann lässt es mich los.

Klingt einfach. Ist es mit ein wenig Übung auch. Die Übungen hierzu finden Sie im Praxisteil dieses Buches im Kapitel 2.6: »Wie kann ich die Idee mit dem Loslassen loslassen ?«

Schauen wir hierzu ein kurzes Beispiel an: Eine Frau, deren Freund sie verlassen hat, beklagt sich bei ihrer Freundin über den Trennungsschmerz. Die Freundin rät ihr, dass sie doch endlich mal loslassen soll.

Die Frau versteht, was die Freundin meint, und ärgert sich auch darüber, dass sie einfach nicht vergessen bzw. loslassen kann. Je mehr sie das möchte, desto schwerer fällt es ihr. Vor allem, wenn sie mal nicht dran denkt und es ihr vermeintlich gut geht, kommt garantiert irgendetwas, was sie wieder daran erinnert. Es will einfach kein Ende nehmen. Ihre Freunde können es bereits schon nicht mehr hören, dieses ewige Gejammere: »Wieso hat er mich bloß verlassen ?« Oder: »Wieso hat er mich bloß betrogen ? Ich habe doch immer alles für ihn getan.« Sie kann es also nicht verstehen und glaubt, dass hier etwas falsch läuft und ihr Freund schuld ist. Sie ist auf jeden Fall nicht schuld. Sie ist das arme Opfer.

Es kann natürlich auch sein, dass sie sich die Schuld gibt und glaubt, sie habe etwas falsch gemacht. Auf jeden Fall ist sie Opfer. Das sagen ja schon ihre Gefühle. Dieser Schmerz ist sicherlich auch dafür verantwortlich, dass sie leidet.

Was auch immer sie macht, es wird einfach nicht besser. Sie würde es ja vielleicht auch gerne loslassen.

Warum kann sie es also nicht loslassen ?

Weil sie überhaupt nicht weiß, was hier abläuft. Sie ist so gefangen in ihren Gefühlen, dass sie alles dafür tun würde, dass es aufhört. Und das ist das Problem.

Nehmen wir wieder den Satz: »Loslassen funktioniert dann, wenn ich bereit bin anzunehmen, was da ist.«

Was müsste sie also tun ?

Als Erstes ihre Haltung ändern. Sie müsste sozusagen ihre Arme öffnen und ihre Gefühle willkommen heißen. Nur mit dieser Haltung kann sie etwas herausfinden. Wenn sie wegläuft, also auf der Flucht ist, kann sie sicherlich nichts herausfinden.

Als Zweites muss sie bereit sein, ihre Gefühle auch zuzulassen. Diese also nicht mehr abwehren. Sicherlich ist das nicht immer einfach, da diese sehr heftig sein können. Nur durch Annehmen und Zulassen kann ich herausfinden, was wirklich dahintersteckt.

Was passieren wird, ist, dass sie sich eventuell hilflos und klein fühlt. Und das ist der Punkt: Sie wird an ihre Vergangenheit erinnert. In der Regel an die Kindheit, in der so ein Gefühl von Verlassenwerden entstand. Sie fühlt sich klein und hilflos wie damals, als sie die Mutter oder der Vater verlassen hat oder vielleicht auch mal in einer für sie schwierigen Situation nicht da war. Der Punkt ist auf jeden Fall, dass sie sich nicht altersadäquat verhalten kann. Ihr Körper fühlt sich wie damals an. Klein und hilflos. Sie ist in ihren Gefühlen und dadurch in der Vergangenheit gefangen.

Dies führt eben so weit, dass sie nicht mehr als Erwachsene handeln kann. Eine Erwachsene würde sich sicherlich in einer solchen Situation auch nicht unbedingt wohl fühlen. Sie wäre aber auf jeden Fall handlungsfähig und nicht ihren Emotionen hilflos ausgeliefert.

Das ist auch der Punkt, warum sie es einfach nicht loslassen und die gut gemeinten Ratschläge annehmen kann. Sie ist keine Erwachsene mehr, sondern ein kleines, hilfloses Kind, das Hilfe und Sicherheit braucht, keine Ratschläge.

Wenn sie sich also bewusst (vom Kopf her) entscheidet, die Gefühle (den Körper) anzunehmen, schafft sie eine Verbindung zwischen Gegenwart (Kopf) und Vergangenheit (Körper). Dazu muss natürlich noch einmal gesagt werden, dass die Gefühle der Vergangenheit im Körper als Energie abgespeichert sind. Diese Gefühle aus der Vergangenheit werden aber heute als genauso real wie damals wahrgenommen.

Indem sie diese Gefühle zulässt, erlaubt sie dadurch dem Gefühl des kleinen Mädchens aus der Vergangenheit, da zu sein. Wenn sie das bewusst macht, also mit der Haltung: »Ich möchte das kleine Mädchen (als Gefühl im Körper) annehmen«, wird dieses aus Angst abgespeicherte Gefühl angenommen und geheilt. Es ist also endlich mal jemand für dieses kleine Mädchen da.

Und was würde wohl ein kleines verlassenes Mädchen eher heilen ? Davonlaufen, also nicht gewollt sein oder angenommen zu sein ?

Wenn sie die bei diesem Prozess auftretenden Gefühle annimmt und aushält, wird sie wahrscheinlich erst einmal noch trauriger, da ja die ganzen eingefrorenen Gefühle auftauchen. Hält sie das aber aus, wird sie sich sehr schnell sehr ruhig und wohl fühlen. Der Körper wird sich entspannen. Er lernt, dass jemand da ist (ihr Bewusstsein) und er es überlebt hat.

Je öfter sie sich also den schmerzlichen Situationen, in denen sie bisher gelitten hat, zuwendet, desto schneller lernt der Organismus, dass es vorbei und er nicht mehr allein ist. Und das bedeutet Heilung. Und das, weil sie angenommen hat, was da ist: ihre Gefühle. Und sich nicht wie bisher abgewandt hat und geflohen ist. Dadurch hat sie letztendlich das Gleiche gemacht, was ihr damals passiert war und das zum Trauma geführt hat. Sie war für sich, das heißt für ihren Organismus, nicht da. Und hat dadurch das Trauma auch immer wieder erneuert, also re-traumatisiert.

Oft wirft man den Eltern vor, nicht da gewesen zu sein oder uns im Stich gelassen zu haben. Was die Eltern damals gemacht haben, machen wir allerdings dann auch schön weiter. Indem auch wir nicht für uns, also unsere Gefühle da sind. Gerade wenn unser Organismus unsere Hilfe und Aufmerksamkeit braucht, lenken wir uns ab. Wir sind also kein bisschen besser als die Eltern. Wie heißt es so schön: »Wer im Glashaus sitzt, sollte nicht mit Steinen werfen.«

Ich hoffe, Ihnen ist jetzt klar geworden, warum Loslassen nicht funktioniert und wie wichtig es ist, das anzunehmen, was da ist, damit es Sie irgendwann loslässt.

Sicherlich gibt es Situationen, in denen man auch mal etwas loslassen kann und auch sollte. Wenn z. B. die Frau aus unserem Beispiel wie beschrieben an sich arbeitet, kann es in der Anfangsphase sein, dass das Gefühl durch äußere Auslöser hin und wieder auftaucht. Hier ist es dann auch wirklich mal wichtig, Stopp zu sagen, wenn sich der »Schmerzkörper« (so nennt man die abgespeicherten Gefühle auch) meldet und auf sich aufmerksam machen möchte. Es ist dann wie bei einem kleinen Kind, dem man auch hin und wieder sagen muss: »Wir haben jetzt eine Zeit lang gespielt, jetzt reicht's mal wieder.«

Dafür bekommt man mit der Zeit ein Gefühl.

Das Schöne an dem Ganzen ist, dass man für die Heilung normalerweise niemanden braucht. Ich muss nicht erst warten, bis in einem Beziehungsstreit mein Partner mit mir spricht oder sich noch mal mit mir trifft und sich eventuell entschuldigt. Ich kann die Gefühle gleich

annehmen. Denn es sind ja meine Gefühle. Nicht die meines Partners. Eine Diskussion lenkt nur davon ab, sich zu spüren.
In einigen Fällen ist es natürlich wichtig, dass man therapeutische Hilfe hat, da die Gefühle aus der Vergangenheit so traumatisch sein können, dass man sich immer wieder in ihnen verliert. Dann kann man nicht mehr bewusst dabei bleiben und die Verantwortung dafür übernehmen.

1.7 Weshalb positives Denken auch lebensgefährlich sein kann und »The Secret«, Bleep« und »The Master Key System« nicht einfach so funktionieren

Es wird sehr oft über »positives Denken« gesprochen. Sicherlich hat auch jeder schon einmal davon gehört oder in irgendeiner Weise damit Bekanntschaft gemacht.

Aber was ist damit überhaupt gemeint ?

Es wird bei dieser Methode geraten, dass man seine Gedanken überprüfen und diese auf jeden Fall immer in positive umwandeln soll. Oder auch, dass man von vornherein einfach immer positiv denkt. Alles schön und gut, manchmal funktioniert das ja auch. Leider. Warum leider ?, werden Sie jetzt denken.

Die grundsätzliche Idee, positiv zu denken, ist auf jeden Fall in Ordnung. Allerdings sollte man sich damit erst einmal genauer beschäftigen, bevor es vielleicht gefährlich wird. Gefährlich deshalb, weil wenn man etwas nicht wirklich versteht und dennoch blind nachmacht, es immer gefährlich werden kann. Nun werden Sie vielleicht mit Recht fragen: »Was ist denn nun so gefährlich an positivem Denken ?«

Dazu muss ich etwas ausholen. Die erste Frage wäre eher: Was sind denn überhaupt Gedanken und wo kommen diese her ?

Wissenschaftlich gesehen würde man Gedanken als Informationen bezeichnen, die sich auf Dendriten (Nervenfasern im Gehirn) befinden. Diese verbinden sich zu einem neuronalen Netzwerk. Dieses neuronale Netzwerk hat verschiede Erfahrungen abgespeichert, die von uns aus verschiedenen Gründen immer wieder abgerufen werden.

In der Quantenpsychologie fragen wir:

- Woher kommen die Gedanken ?
- Wohin gehen die Gedanken ?
- Für wen sind die Gedanken ?
- Was ist zwischen zwei Gedanken ?
- Sind es überhaupt meine Gedanken ?

Alles Fragen, die Sie sich vielleicht nie gestellt haben.

Nun könnten Sie fragen: »Und für was soll das gut sein ?« Nun, Sie haben circa 60 000 Gedanken pro Tag. Da wäre es sicherlich nicht schlecht, mal etwas genauer nachzudenken, ob wir da nicht auch einen Haufen Gedankenmüll produzieren.

Man spricht schon seit Jahren von schädlichem Elektrosmog. Keiner spricht allerdings von Gedankensmog. Der nicht nur meinen Organismus stört und bedroht, sondern auch den gesamten Planeten verunreinigt und auf Dauer zerstören kann. Meine Gedanken sind und bleiben nicht nur in meinem Kopf, sie sind gleichzeitig überall. Zudem kann man auch sehr oft und sehr schnell sehen, was jemand denkt. Sind es negative Gedanken, »belästigt« die aus ihnen resultierende Ausstrahlung auch andere Lebewesen. Damit meine ich nicht nur Menschen, sondern auch Tiere und Pflanzen, die darunter leiden müssen.

Also nehmen wir einmal an, Sie haben einen Gedanken, der besagt: »Mir geht es heute nicht so gut.« Dadurch entsteht natürlich auch ein entsprechendes Gefühl. Dieses Gefühl kann man Ihnen dann auch ansehen. Jetzt sagt vielleicht ein guter Freund oder eine Freundin: »Du musst einfach positiv denken, dann geht es dir gleich besser !« Möglicherweise geht es Ihnen, falls Sie den Ratschlag einfach so befolgen können, besser.

Die Frage wäre allerdings doch erst einmal: Woher kam mein ursprünglicher Gedanke ? Und was hat er für eine Bedeutung ? Hat er vielleicht eine wichtige Botschaft für mich ? Wenn ja, welche ?

Wenn Sie also nicht herausbekommen, um was es wirklich geht, überdecken und unterdrücken Sie mit positivem Denken eine wichtige Botschaft. Und das kann sehr problematisch werden. Ich möchte hiermit positives Denken nicht als nicht funktionsfähig abstempeln. Ganz im Gegenteil. Ich möchte Ihnen helfen, dass Sie es richtig und vernünftig und vor allem ohne Gesundheitsrisiko anwenden lernen. Ich könnte mir ein Leben ohne das Wissen des richtigen positiven Denkens gar nicht vorstellen. Man könnte es auch als konstruktives Denken bezeichnen.

Oft wird versucht, mit positivem Denken alte Muster und Gefühle zu überdecken. Und das ist sehr gefährlich, denn es löst das Problem nicht. Es ist ja schließlich ein *Pro*-blem, also *für* Sie, kein *Contra*-blem, das *gegen* Sie arbeitet. Und wie wollen Sie etwas herausfinden, wenn Sie es einfach nur überdecken. Sicherlich ist Überdecken erst einmal bequemer, da sich das Gefühl verändert. Nur: Würden Sie normalerweise einen Teppich im Wohnzimmer, wenn er nicht mehr schön aussieht, da er sich wellt und vielleicht voller Bakterien ist und eine Allergie auslöst, einfach mit einem anderen Teppich überdecken ? Wenn ja, haben Sie dadurch das Problem und die Allergie nicht gelöst, sie wird über kurz oder lang wieder auftreten. Je nachdem, wie lange die Bakterien brauchen, um durch den Teppich zu kommen.

Und so ist es bei jedem Problem. Ignorieren, Überdecken, Drüberstehen, Unterdrücken und dergleichen mehr ist sicherlich nicht die Lösung.

Die Lösung ist, es verstehen und annehmen zu lernen.

Wenn der Organismus mir das Gefühl vermittelt, dass ich nichts wert oder dumm bin, dann nützt es nicht, zu sagen oder denken, ich sei in Ordnung und klug. Ich würde dann nämlich einen negativen Glaubenssatz: »Ich bin dumm«, mit einem positiven: »Ich bin klug«, überdecken wollen.

Und nun raten Sie mal, welcher wohl gewinnt ?

Richtig, der ältere Glaubenssatz. Und warum ? Erstens, weil er eben länger da ist. Meist Jahrzehnte, also so alt wie Sie. Und zweitens, weil dieser Glaubenssatz Ihr Leben bestimmt. Das heißt, Sie haben Ihr bisheriges Leben nach diesem Glaubenssatz ausgerichtet. Sie haben geglaubt, dass Sie dumm oder nichts wert sind und diese Vorstellung eben nicht haben und fühlen wollen. Diese Ablehnung führt zu Verhaltensweisen, die Sie ausmachen, bestimmen und Ihnen Sicherheit geben.

Und diese wollen Sie einfach mit einer positiven Suggestion verdrängen. Das wird Ihrem Organismus Angst machen und ihm die gewohnte Sicherheit Ihres bisherigen Verhaltens nehmen. Deshalb wird er sich mit Recht dagegen wehren.

Manchmal funktioniert das positive Denken auch kurzzeitig. Vor allem nach irgendwelchen »Tschaka«-Seminaren, bei denen den Teilnehmern zwei Tage oder länger eingeredet wird, dass alles ganz leicht ist und sie alles mit positivem Denken lösen können. Wenn die Teilnehmer Pech haben, funktioniert es sogar ein paar Tage oder Wochen. »Pech« deshalb, weil sie diesen »falschen Glauben« nicht ewig aufrecht halten können. Die unbewussten und sicheren Glaubenssätze der Vergangenheit sind eben älter und »sicherer«.

Es gibt dann konfligierende Glaubenssätze. Also Glaubenssätze, die miteinander in Konflikt stehen. Und das macht mit Sicherheit auf Dauer Stress und krank.

Wenn also das Hochgefühl des Seminars nachlässt, stürzt der Mensch in die Tiefe und denkt, er hat alles verloren, was er zu haben geglaubt hat. Es ist ein nicht ungefährlicher Absturz, in dem sich sicherlich auch schon einige Menschen umgebracht haben, weil sie zunächst dachten, dass sie aus ihrem Leidenstal aufgestiegen wären und es geschafft hätten und jetzt käme ein unbeschwerliches und leichtes Leben auf sie zu. Und dann sind sie wieder da, die alten Gefühle der Unzulänglichkeit. Sie denken dann, sie hätten alles falsch gemacht und verloren und seien also nicht in der Lage, ein glückliches Leben zu führen.

Nachdem sie kurz das schöne und leichte Leben gefühlt haben und jetzt wieder im Tal des Leidens sind, also nachdem sie wissen, wie es sich anfühlen kann und was sie vielleicht nie mehr erreichen werden, ist das Leben für sie fast unerträglich geworden.

Es bleiben nicht viele Auswege. Entweder Tod oder Flucht in eine Droge. Genau genommen ist positives Denken auch eine Art Droge, die mir vorgaukelt, dass alles in Ordnung sei.

Was wäre also das Richtige, Vernünftigere und auch Sicherere ?

Mit Sicherheit, dass man sich erst einmal der negativen Glaubenssätze annimmt und sie durch Heilung auflöst. Dann ist positives Denken absolut das Richtige.

Allerdings brauche ich es dann auch nicht mehr anzuwenden. Denn wenn meine negativen Glaubenssätze geheilt sind, fühle ich mich selbst, wie ich wirklich sein kann und wer ich wirklich bin. Ich bin nicht meine Vergangenheit und die daraus resultierenden Glaubenssätze. Ich bin frei, perfekt und einmalig. Und wenn ich mir das nicht mehr erst einreden muss, weil ich es fühlen kann, dann brauche ich das positive Denken nicht mehr. Ich bin dann positiv.

Um es noch einmal klarzustellen: Positives Denken richtig angewandt und verstanden ist eines der genialsten Mittel, um sich sicher aus alten Gewohnheiten herauszubringen oder sich in verschiedenen Situationen daran zu erinnern, dass es auch etwas anderes gibt. Im Sport, bei Prüfungen und vielem mehr ist seine Anwendung zum Beispiel unerlässlich, da man in Stresssituationen oft vergisst, wie gut man ist und dass man alles schaffen kann.

Die Bücher und Filme über »Bleep« (»What the Bleep Do we (k)now ! ?«, »The Secret« und »The Master Key System«) gehen da schon weiter und sagen auch, dass einfaches positives Denken lediglich überdeckt. Ich kann diese Bücher und Filme nur jedem empfehlen.

Weshalb es, trotz all der Wahrheiten, nur bei wenigen funktioniert, ist, weil die unbewussten Programme verhindern, dass es dem Anwender gut geht. Wenn in Ihrem Unterbewusstsein eine Stimme sagt: »Ich bin es nicht wert !«, können Sie machen, was Sie wollen. Diese Stimme weiß, von was sie spricht. Denn die Vergangenheit hat sie erschaffen und geprägt. Solange diese Stimme nicht vom Gegenteil überzeugt wird, haben Sie kaum eine Chance.

All das, was in diesen Büchern steht, stimmt und ist toll beschrieben. Es wird dort auch gesagt, wie wichtig die Gefühle dabei sind und dass Sie Ihre Wünsche und Visualisierungen mit einem positiven Gefühl durchführen sollen. Einem Gefühl, es bereits erhalten zu haben. Alles völlig richtig. Das Problem ist, wie schon erwähnt, dass ein Teil in Ihrem Unterbewusstsein nicht so einfach mitmacht. Denn dieser Teil hat sich schon sein Leben lang mit dem Leid abgefunden und fühlt sich dadurch auch recht sicher. Diesem Teil würde es im Traum nicht einfallen, plötzlich zu denken, dass er reich und glücklich ist oder sein möchte. Es war doch bisher nicht so. Und das soll jetzt einfach so möglich sein ? Wie hat er das verdient ? Er hat doch in der

Vergangenheit immer wieder gedacht, dass es besser wird. Und da es nie dauerhaft funktionierte, hat dieser Teil damit abgeschlossen.

Was, wenn es wieder nicht funktioniert ? Noch eine der vielen Enttäuschungen ? Nein danke.

Es hat mit dem Gesetz der Resonanz zu tun. Solange ein Teil in Ihrem Unterbewusstsein Angst hat und sich nicht wertvoll fühlt, schwingen Sie unbewusst mit einer Energie, die nicht zu der des Universums der Fülle und des Glücks passt. Deshalb ist es umso wichtiger, alles, was Sie am höheren Schwingen hindert, zu heilen.

Wenn Sie die niedrigen Schwingungen wie Angst, Wut, Trauer, schlechte Ernährung, schädliche Strahlungen von Handys, Funktelefonen, Erdstrahlen und Wasseradern verändern, schwingen Sie automatisch höher. Wenn Sie dann noch anfangen, sich besser kennen und verstehen zu lernen, können Sie sich auch bedingungslos lieben lernen. Sie müssten noch nicht mal positiv denken. Denn Sie sind dann positiv.

Es wird dann alles von allein in Ihr Leben kommen. Selbstverständlich können Sie dann das Ganze durch positives Denken und Verhalten enorm beschleunigen.

Wie Sie Ihre negativen Gedanken verändern können, erfahren Sie im Kapitel 1.15; »Wie löse ich mein Problem und erfahre Heilung«.

1.8 Weshalb Abnehmenwollen und mit dem Rauchen aufhören meist nicht lange anhält oder erst gar nicht gelingt

Wenn Menschen bei mir anrufen und mit dem Rauchen aufhören oder abnehmen wollen, frage ich immer erst nach ihrer Motivation. Denn allzu oft denken sie, dass ich das einfach so machen kann. Sie wollen die Verantwortung abgeben.

In meinem Institut melden sich oft auch Menschen nach einer Hypnosesendung im Fernsehen, in der ein Hypnotiseur gezeigt hat, wie er mit Hypnose das Rauchen oder Abnehmen »behandelt«. Meist haben die Klienten es natürlich schon ohne größeren Erfolg mit allen Mitteln versucht. Und jetzt muss jemand her, der das für sie erledigt.

Wie an anderer Stelle schon beschrieben, ist so ein Wunsch zwar verständlich, aber Ihrem Organismus gegenüber sehr respektlos. Denn der signalisiert durch die Symptome Rauchen oder Übergewicht, worin das Problem besteht. Wenn diese allerdings nicht verstanden werden, können sie auch nicht geheilt werden.

Was gibt es da also zu verstehen ? Zunächst einmal: Es sind Süchte. Und diese kommen vom »Suchen«. Der Mensch mit einem Drogenproblem ist also immer auf der Suche nach seinem Heilwerden.

Nicht nur Essen und Rauchen sind Drogen, zu viel Alkohol, viel Fernsehen, viel Lesen, viel Sport, dauerndes Sichverlieben, zu viel Arbeit, das Streben nach Anerkennung, ständiges Jammern, häufiges Diskutieren oder die Spielsucht – genau genommen alles, was den Menschen von sich ablenkt, kann eine solche Sucht darstellen.

Und warum müssen Menschen sich oft von sich ablenken ? Weil sie sonst unruhig werden. Denn ihr meist unbewusster und dadurch unterdrückter Schmerz lässt sie nicht zur Ruhe kommen. Der ständige Antrieb lässt sie auf der Flucht sein. Und sämtliche Drogen sind nichts anderes als Fluchthelfer. Doch diese Flucht wird nur nicht gelingen. Sie ist von vornherein zum Scheitern verurteilt. Denn das, vor dem sie fliehen wollen, ist in ihnen. Wohin sie auch fliehen, es kommt mit.

Diese innere Unruhe ist ein unverarbeiteter Schmerz aus der Vergangenheit. Meist aus der Kindheit. Also ein kleines, unschuldiges Wesen, das doch nur um zu überleben auf sich aufmerksam machen möchte. Und was bleibt ihm anderes übrig als zu nerven. Denn der Mensch hört nicht zu bzw. in sich hinein. Es wurde ihm in der Kindheit auch nicht beigebracht, auf sich zu hören. Es hieß seitens der Eltern oft: »Nimm dich nicht so wichtig !«, »Hörst du mir nicht zu ?«, »Hör auf zu nerven !« usw. Und jetzt soll man plötzlich auf sich hören ? Kein Wunder, dass das nicht so einfach funktioniert.

Jeder Therapeut, der den Menschen dies wegtherapiert, ist nichts anderes als ein Fluchthelfer, der es nicht verstanden hat, was er dem Patienten für einen Schaden zufügt. Das innere und nervige Gefühl, oder besser gesagt: das innere Kind, möchte verstanden, angenommen und geheilt werden. Und nicht beseitigt bzw. umgebracht.

Viele Menschen wollen das so nicht verstehen, sie wollen es einfach nur weghaben. Sie haben Angst davor, was auftauchen könnte, würden sie diesen Gefühlen Raum geben, auch wenn das in der Therapie stattfindet. Einfach bloß nicht hinschauen und fühlen wollen.

Ich kläre darüber bereits am Telefon auf, bevor jemand einen Termin bekommt, und habe kein Problem damit, wenn das jemand nicht so sehen kann oder will. Ich arbeite auf jeden Fall mit niemandem, der einfach nur Symptome weghaben möchte. Dazu können sie dann zum Arzt gehen.

Ich habe auch des Öfteren Anrufer, die bereits bei einem Hypnotiseur waren, der ihnen das Rauchen einfach weghypnotisiert hat. Und danach haben sie ohne Kontrolle zugenommen, obwohl sie bis dahin in ihrem Leben nie Probleme mit dem Essen hatten. Manche wollen dann von mir, dass ich ihnen das auch noch weghypnotisiere. Erst nach meiner Aufklärung verstehen sie dann, dass das Essen eine Symptomverschiebung darstellt, sie es also der Unfähigkeit des Hypnotiseurs zu verdanken haben.

Wenn wir dann daran arbeiten, wird sehr schnell klar, dass das, was früher zum Rauchen und jetzt zum Essen zwingt, ein und dasselbe Gefühl aus der Vergangenheit ist. Und dass nach dessen Bearbeitung nicht nur die Sucht in Bezug auf das Essen und natürlich auch auf das Rauchen erledigt ist, sondern auch noch andere, bis dahin unbewusste Suchtmechanismen nicht nur aufgedeckt wurden, sondern nicht mehr nötig sind.

Es gibt natürlich jede Menge Suchtauslöser. Alle haben eines gemeinsam: Sie wollen verstanden und geheilt werden. »Wegmachen« ohne zu verstehen, um was es geht oder ging, ist logischerweise immer eine sehr riskante Sache.

Wenn Menschen der Meinung sind, dass sie kein Problem haben und es nichts zu verstehen oder heilen gibt, frage ich immer: »Wollen Sie wirklich abnehmen oder mit dem Rauchen aufhören ?« Sie sagen dann natürlich immer Ja.

Dann sage ich: »Schön, dass wir das so schnell klären konnten, dann hören Sie doch einfach auf !« Ich höre dann immer das Gleiche: »Das kann ich nicht.« Ich frage dann: »Soll das heißen, Sie haben keinen freien Willen ! ? Wenn Sie vom Kopf her eine Entscheidung treffen, sollte Ihnen doch der Körper folgen. Heißt das etwa, Sie haben einen Teil in sich, der stärker und mächtiger ist als Sie ? Und diesen Teil soll ich jetzt umbringen ! ? Wenn Sie schon nicht gegen ihn ankommen, dann sollten Sie eher versuchen, mit ihm Kontakt aufzunehmen. Schließen Sie mit ihm Freundschaft und finden Sie heraus, was er wirklich möchte. Wenn Sie ihm das geben, was er wirklich will, wird er sicher mit der Ersatzbefriedigung aufhören. Denn eines möchte dieser innere Teil sicher nicht: Sie und damit sich selbst umbringen. Dieser Teil möchte immer nur das Eine: geliebt und akzeptiert werden.«

Wenn jetzt jemand sagt: »Was soll denn das heißen ? Dass ich einen Teil in mir habe, der macht, was er will bzw. der selbstständig eine Entscheidung treffen kann ?« Dann sage ich: »Versuchen Sie diesen Teil doch zu ignorieren, indem Sie aufhören zu rauchen. Sie werden nach ein paar Stunden deutlich fühlen, wie mächtig dieser Teil ist. Und vor allem, dass er die Kontrolle hat und sicher nicht Sie.

Also machen Sie lieber Ihren ›Feind‹ zum Freund. Und Freunde möchte man normalerweise um sich haben und nicht ständig versuchen, sie um die Ecke zu bringen.«

Sicherlich gibt es immer wieder Menschen, die einfach mit dem Rauchen aufhören. Sie haben eine Entscheidung getroffen und dadurch diesen Teil ausgeblendet. Früher oder später wird er auf der einen oder anderen Ebene doch wieder zum Ausdruck kommen. Ich denke, nur in den wenigsten Fällen wird dann der Zusammenhang erkannt.

Nun ja, jeder sollte für sich herausfinden, was er möchte oder nicht möchte.

Mein Anspruch an meine Arbeit ist, die Menschen maximal aufzuklären und zu akzeptieren, wenn sie sich lieber langsam, aber sicher umbringen wollen. Selbst wenn ich mich irren sollte, ist meine Methode absolut ungefährlich. Denn sie geht immer auf Nummer sicher.

Um es jetzt noch einmal zusammenzufassen und auf den Punkt zu bringen: Ich glaube, dass unser Organismus ein geniales, sich selbst regulierendes und selbst heilendes System ist, das, wenn etwas schiefläuft, auf sich aufmerksam macht. Wenn wir diese Signale verstehen lernen, können wir unseren Organismus nicht nur unterstützen, sondern wir hören dann auch auf, uns ständig falsch und unnötig einzumischen.

Jede Droge ist ein solches Signal, das uns anzeigt, was läuft.

Beim übermäßigen Essen wird uns z. B. signalisiert:

- dass wir aus unserer Mitte geraten
- etwas in uns hineinfressen, also Gefühle unterdrücken
- wir uns so eine orale Befriedigung bereiten, also uns etwas Gutes gönnen wollen. Und das durch Essen, da wir es anders nicht können
- dass wir uns einen Schutzpanzer zulegen wollen

Beim übermäßigen Alkoholgenuss:

- möchte man seine Gefühle ausblenden
- die Wahrheit vernebeln
- der Wahrheit nicht ins Auge sehen
- das Leben etwas leichter nehmen

Meist wollen Menschen, die über eine längere Zeit jeden Abend ein Glas Wein oder Bier trinken, nicht wahrhaben, dass sie bereits drogenabhängig, also Alkoholiker sind. Die Verleugnung ist bei Alkoholikern sehr groß. Oft streiten sie es ab und meinen, dass es überhaupt kein Problem wäre, mal eine Woche lang keinen Alkohol zu trinken. Allerdings meinen sie auch, dass sie absolut sicher sind und es deshalb auch gar nicht erst beweisen müssen.

1.9 Weshalb wird man krank ?

Um krank zu werden, muss man jede Menge übersehen bzw. nicht wissen. Denn Krankheit ist auch Unwissenheit.

Es ist gar nicht so einfach, krank zu werden. Und dabei spielt es keine Rolle, welche Krankheit damit gemeint ist. Alles, was den Körper aus seinem Gleichgewicht bringt, könnte man als Krankheit bezeichnen. Wobei das Wort »Krankheit« sehr ungünstig gewählt ist. »Aus dem Gleichgewicht geraten« wäre ein sinnvollerer Ausdruck. In den östlichen Heilmethoden wird es so genannt.

Wie schon erwähnt, ist es nicht »normal«, wenn der Körper aus dem Gleichgewicht gerät. Das liegt daran, dass der Körper, also unser Organismus, von Natur aus ein sich selbst regulierendes und perfekt funktionierendes System ist, darauf ausgerichtet, sich selbst ständig zu überprüfen und im Gleichgewicht zu halten, oder sich, sollte ein Prozess zu schnell anlaufen, wieder ins Gleichgewicht zu bringen.

Wenn der Organismus das nicht mehr schafft, gibt es hierfür mehrere Gründe.

Einer der Gründe kann sein: Er ist völlig überrascht und die Ereignisse überrollen ihn wie bei einem Unfall. Ein anderer Grund ist: Der Mensch achtet einfach nicht auf seinen Körper und überfordert ihn permanent. Und zwar so lange, bis das System zusammenbricht. Das kann durch falsche Ernährung, zu wenig Schlaf, Drogen (harte Drogen, Alkohol, zu viel Fernsehen oder Lesen, zu viel Sport, zu viele Ziele, Perfektionismus u. v. m.), unterdrückte Wünsche, dauerndes Streiten passieren.

Ein weiterer Grund sind die vielen Gedanken, die wir tagein, tagaus haben. Laut einer Studie haben wir circa 60 000 Gedanken pro Tag. Und wenn diese sehr destruktiv und ängstlich sind, können Sie sich sicher vorstellen, wie sehr diese den Organismus belasten. Im Übrigen treffen 400 Milliarden Bits pro Sekunde auf unseren Organismus, das sind 400 000 000 000 Impulse in jeder Sekunde. Davon kann der Körper maximal 2000 wahrnehmen. Das ist sicher eine ganze Menge. Die Frage ist nur, wie viel davon bekommen Sie bewusst mit? Und wie gehen Sie damit um ?

Das klingt jetzt vielleicht alles nach ganz schön viel Arbeit. Am Anfang wird es auch etwas Arbeitseinsatz erfordern. Ohne diesen Einsatz werden Sie allerdings nie ans Ziel kommen. Das Ziel ist, die Signale rechtzeitig zu erkennen und zu verstehen.

Verstehen Sie die Signale Ihres Körpers nicht, wird er versuchen, durch eine Krankheit deutlicher auf sich aufmerksam zu machen. Jede Krankheit ist ein Signal, also ein Krankheitssignal, dass der Organismus entweder überfordert ist und es selbst nicht regulieren kann, also Ihre Hilfe braucht. Oder es ist ein deutliches Warnzeichen, dass Sie etwas übersehen und dadurch falsch machen.

Der Körper ist unter normalen Bedingungen immer in der Lage, sich selbst zu regulieren und ins Gleichgewicht zu bringen. Er kann sich selbst am besten heilen. Deshalb sollten wir ihn auch unterstützen, und zwar einfach dadurch, dass wir ihn nicht weiter behindern oder uns falsch einmischen oder ihn erst gar nicht wahrnehmen.

Der Organismus hat von Natur aus hervorragende Selbstheilungskräfte.

Wenn wir ihn bei seiner Arbeit, sich selbst wieder ins Gleichgewicht zu bringen, unterstützen wollen, hilft meist Ruhe und mit den krank machenden »Dingen« aufzuhören.

Dazu müssen Sie sich natürlich erst mal auskennen: Der Körper erneuert sich innerhalb eines Jahres komplett. Nach spätestens einem Jahr ist alles erneuert. Es ist nichts mehr wie vor einem Jahr. Wenn dennoch eine Krankheit wie Krebs da ist oder nach einer Chemotherapie wiederkommt, muss man sich doch fragen: Wo kommt die Krankheit denn schon wieder her ? Die bösartigen Zellen waren doch abgestorben und neue sind nachgekommen. Woher wissen denn die neuen Zellen, dass sie gleich wieder krank werden müssen?

Es kommt vom Schmerzgedächtnis Ihres Körpers, ausgelöst von Störungen, Programmen und Glaubenssätzen aus Ihrem Unterbewusstsein. Das Schmerzgedächtnis ist alte, in den Zellen abgespeicherte Erfahrung.

1.10 Wie Sie Ihre Körpersignale kennen lernen

Zuerst sollten wir einmal klären, was Körpersignale sind. Vereinfacht könnte ich sagen: alles, was Sie in irgendeiner Weise stört oder ablenkt.

Ich nenne einmal ein paar Beispiele: Kopfschmerzen, Verspannungen, Magen-Darm-Probleme, allgemeines Unwohlsein, Schmerzen im Mund- und Kieferbereich, auf jeden Fall jede Art von Schmerzen.

Diese Signale können Sie vielleicht noch eher nachvollziehen.

Was ist aber mit »leichteren« oder nicht so leicht zu durchschauenden Signalen, die da wären: ein leichtes Kribbeln im Zeigefinger oder sonst einem Körperteil, dauerndes Denken-Müssen, ständige Unruhe, das Gefühl, immer etwas machen zu müssen, das ständige Gefühl, nicht gut genug zu sein, Versagensängste, Verlustängste, Höhenangst, Platzangst, jegliche Art von Angst, Schlafstörungen, permanenter Streit mit dem Partner oder anderen Menschen, Mobbing, häufige Unlust, etwas zu unternehmen, sexuelle Unlust oder auch dauernde sexuelle Lust, Frigidität, Impotenz, vorzeitiger Samenerguss, ADS, ADHS, Hyperaktivität, Dornwarzen, Warzen überhaupt, jegliche Art von Hautproblemen (Neurodermitis, Schuppenflechte u. Ä.), Bewegungseinschränkungen...und und und. Ich könnte hier noch einiges aufzählen.

Ich behaupte, dass alles von unserem Organismus gesteuert wird. Er ist ein geniales System, das, wenn etwas schiefläuft, das auch signalisiert.

All diese Signale dienen dazu, Ihnen zu verstehen zu geben, was da gerade läuft und was Sie ändern sollten. Jedes Signal hat also eine positive Absicht.

Der erste und wichtigste Schritt in Richtung, diese Signale kennen und verstehen zu lernen, liegt also im Annehmen der positiven Absicht hinter jedem Signal, also dass der Körper eigens für Sie Signale kreiert, um Ihnen zu helfen und um Ihnen zu verstehen zu geben, was da unbewusst, also ohne Ihre bewusste Wahrnehmung, abläuft.

Krankheit ist der Ort des Lernens.

Sicherlich ist das bei Schmerzen nicht immer einfach nachzuvollziehen. Wer sagt schon gerne: »Super, mir zerreißt es beinahe meinen Kopf vor Schmerzen. Ich soll wohl lernen, dass ich mir den Kopf zerbreche !«

Nun ja, es wäre die richtige Haltung. Denn machen Sie das nicht, dann werden Sie nichts lernen können. Mit der passiven Haltung (»Ich habe Kopfschmerzen und kann nichts dafür« oder: »Ich lehne jegliche Verantwortung ab und ärgere mich einfach nur«) machen Sie sich auf jeden Fall zum Opfer und leiden. Ein Opfer auf der Flucht vor den Schmerzen und der dahintersteckenden Wahrheit. Und mal Hand aufs Herz: Wie will man etwas herausfinden, wenn man nicht hinschaut, hinhört oder fühlt ! ?

Es ist zwar erst einmal die vermeintlich bequemere Art, die Verantwortung abzugeben, indem Sie ein Schmerzmittel nehmen oder zum Arzt gehen und sagen: »Herr Doktor, ich habe Schmerzen, machen Sie mir diese bitte weg.« Der Doktor oder auch jeder andere, der Ihnen die Schmerzen einfach nimmt, wird immer nur die Symptome behandeln. Nie die Ursache. Aber ohne Ursachenforschung kann man nie an die Wahrheit kommen. Und wer die Wahrheit nicht kennt, kann auch nichts ändern.

Der zweite Schritt ist, sich klarzumachen, dass ausschließlich man selbst die Verantwortung für sich und die Signale trägt. Das wird Ihnen jetzt vielleicht nicht ganz gefallen. Es ist aber genau genommen das absolut Wichtigste in Richtung Heilung und Veränderung.

Zu verstehen, dass Sie sich sämtliche Umstände, egal wie hart und unannehmbar diese sind, selbst geschaffen haben – diese wirklich elementare Wahrheit gefällt den wenigsten Menschen. Denn sie macht sie für ihr Leben und Schicksal voll und allein verantwortlich. Auch wenn Ihnen das vielleicht nicht gefallen sollte, es ist die Wahrheit. Eine solche Wahrheit sollten Sie annehmen, da diese Sie sofort aus dem Opferland und der Opferrolle befreit und Ihnen die volle Handlungskompetenz übergibt.

Um dies zu verstehen, muss ich ein physikalisches und geistiges

Gesetz erklären. Wissenschaftler haben etwas herausgefunden, das Gesetz der Resonanz. Dieses Gesetz besagt, dass wir die gleiche Schwingung wie unsere anziehen und zu dieser in Resonanz gehen. Gleiches zieht Gleiches an.

Also auf den Menschen angewandt: Wenn Sie auf einer Party sind, werden Sie sich in Ihrer Partystimmung sicherlich gut fühlen und mit anderen Partygästen, die die gleiche Schwingung haben, gut verstehen.

Auf einer Beerdigung gibt es sicher andere Schwingungen und dadurch ein anderes Gefühl wie auf einer Party (siehe Abbildung 2). Wenn also jemand mit einer Partystimmung (Partyschwingung) auf eine Beerdigung kommt, wird er wohl sicherlich sofort als unangenehm wahrgenommen. Er stört die Trauerstimmung, die Gefühlsschwingungen der Trauergäste. Er wird sich sicherlich genauso unwohl oder unpassend fühlen wie die Trauergäste. Zurück auf der Party, wo die gleichen Schwingungen herrschen, wird er sich eher wohl oder »zu Hause« fühlen (siehe Abbildung 3).

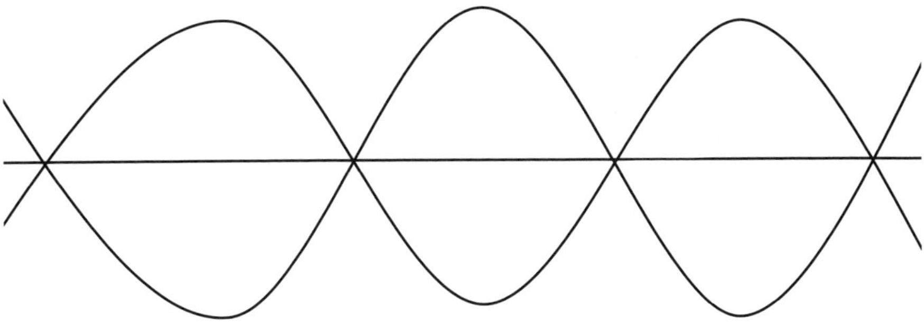

Abbildung 2: gegenläufige Schwingungen bei Trauer- und Partystimmung

Im Alltag ist es genauso. Wenn wir uns unwohl fühlen oder traurig sind, ziehen wir unbewusst und völlig automatisch Menschen an, die ebenfalls traurig sind. Der Organismus steuert immer automatisch die gleiche Schwingungsebene an. Dadurch fühlt er sich vertrauter und sicherer, es ist eben bekannter. Die gleiche Schwingung auf beiden Seiten ist immer reibungsloser.

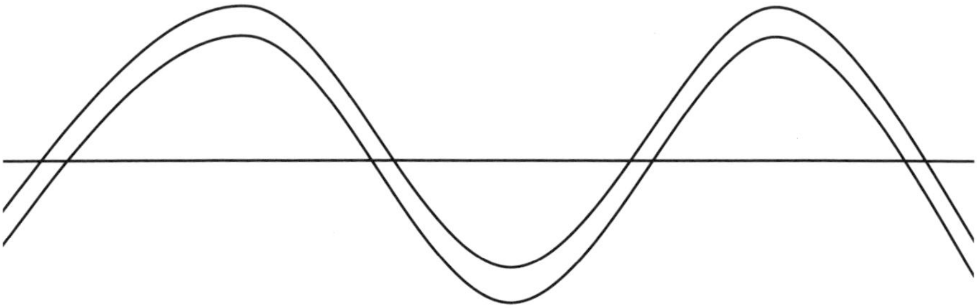

Abbildung 3: Gleiche Schwingung bei Resonanz

Man schwingt eben mit und nicht dagegen, wie in Abbildung 2 dargestellt.

Stellen Sie sich doch mal einen Menschen vor, der jammert. Er trifft automatisch auf Menschen, die jammern. Dann können sie »reibungslos« zusammen jammern. Würde dieser Mensch auf andere treffen, die nicht jammern, also anders schwingen, würden diese ihm vielleicht widersprechen oder Kontra geben. Es würde Reibung, also Widerstand, entstehen. Das würde den Jammernden aus seiner Schwingungsebene bringen und plötzlich völlig verunsichern. Das Jammern bzw. diese Schwingungsebene, an die man sich gewöhnt hat, bringt ja schließlich auch Sicherheit. Und wer verlässt schon gerne seine Sicherheit. Unser Organismus sicherlich nicht, zumindest nicht von alleine. Er ist auf Selbsterhalt und Sicherheit aus. Das geht also nur durch das Bewusstsein des Menschen. Und dafür müssen Sie eben erst einmal wissen, was unbewusst läuft, um es dann auf die bewusste Ebene zu bringen.

Zurück zu der Aussage: »Sie und nur Sie tragen alleine die volle Verantwortung für Ihr Leben und Ihre Signale bzw. Symptome.«

Wie fühlt sich diese Aussage denn an ? Also was fühlen Sie, wenn Sie so etwas hören ?

Wenn Sie sich schlecht fühlen oder gar denken: Was für eine Unverschämtheit, was fällt dem denn ein ! Oder: Das kann doch gar nicht sein ! ... Oder was auch immer, dann muss ich Ihnen sagen, dass Sie gerade durch so ein Gefühl bestätigen würden, dass Sie in Resonanz mit meiner Aussage kommen. Damit meine ich, dass so ein Gefühl Ihre Opferhaltung zeigen würde. Jemand, der bei einer Aussage eine Abwehrhaltung einnimmt, fühlt sich sicherlich nicht verstanden oder angegriffen. Und wenn sich jemand nicht verstanden oder angegriffen fühlt, hat der Organismus auf jeden Fall etwas verstanden. Die Frage ist nur: Was ?

Nehmen wir hier wieder das Gesetz der Resonanz. Ein Wort wie zum Beispiel »Verantwortung« hat eine bestimmte Schwingung. Diese Schwingung ist davon abhängig, wie wir es in der Vergangenheit abgespeichert haben. Hat man uns mit einem Lächeln erklärt, dass Verantwortung zu übernehmen etwas ganz Besonderes, Schönes und Wichtiges sei, dann hätte das Wort Verantwortung eine höhere Schwingung, als wenn man es als schrecklich oder schlimm abgespeichert hätte.

Wenn Sie also auf meine Aussage, dass nur Sie ganz allein für sich und das, was Ihnen passiert, verantwortlich sind, negativ reagieren, tragen Sie also die negative Schwingung in Bezug auf Verantwortung in sich. Das hat nichts mit mir zu tun. Sie kommen mit der Vergangenheit in Resonanz. Also Ihrer Vergangenheit in Bezug auf Verantwortung. Und schon der Volksmund sagt: »Getroffene Hunde bellen !«

Es wird auch immer so sein. Wenn jemand in Ihnen ein Gefühl auslöst, ist es immer Ihr Gefühl, nicht das des Anderen. Der hat seines mit Sicherheit noch. Es kann niemand in Ihnen etwas auslösen, was Sie nicht bereits in sich tragen. Es nützt also nie etwas, das Gefühl auf andere zu projizieren und dadurch abzuschieben. Das macht Sie wieder zum Opfer.

Erst wenn Sie bereit sind, das zu akzeptieren, haben Sie eine Chance, aus dem Opferland herauszukommen und die Verantwortung für Ihr Tun und Ihr Leben zu übernehmen.

Und das ist das Schöne: Sie haben es in der Hand. Sie können es steuern.

Also übernehmen Sie die Verantwortung für Ihr Tun und Ihr Sosein. Und glauben Sie mir: Sie sind genau richtig, mit all dem, was Sie bisher gemacht oder auch nicht gemacht haben. Es läuft alles richtig. Und Sie sind gerade dabei, es verstehen zu lernen.

1.11 Wenn Menschen mit einem Problem kommen

Wenn Menschen in meine Praxis kommen, haben sie immer ein Problem. In der Regel sind sie unzufrieden oder verunsichert. Sie glauben auf jeden Fall, dass etwas schiefläuft.

Das Erste, was ich frage, ist: »Worin besteht das Problem ?« Es liegt immer daran, dass sie nicht verstehen, was in ihrem Leben gerade vorfällt. Eine Klientin z. B., die meint, ihr Mann verstehe sie nicht oder er gebe ihr zu wenig Aufmerksamkeit, sieht das Problem sicher in ihrem Mann. Tatsächlich liegt das Problem aber in ihrem Gefühl. Nicht der Mann nervt sie, sondern ihr ungutes Gefühl. Wenn ich sie dann nach ihrem Gefühl frage, wird sie mit Sicherheit zuerst der Meinung sein, dass ihr Mann dafür verantwortlich ist.

Die Wahrheit ist allerdings eine ganz andere. Ihr Mann löst in ihr nur ein Gefühl aus, das sie bereits Zeit ihres Lebens in sich trägt. Ihr Mann oder sonst ein anderer Mensch kann in ihr kein Gefühl auslösen, dass sie nicht bereits in sich trägt. Was sie also fühlt, ist ihr Schmerz des Nicht-wahrgenommen-Werdens. Die Frage ist also: Woher kennt sie bzw. ihr Organismus dieses Gefühl des Nicht-geliebt-Werdens ? Sicherlich nicht von ihrem Mann. Denn würde sie es zum ersten Mal bei ihrem Mann erleben, hätte sie wahrscheinlich eher ein Fragezeichen im Kopf oder würde einfach feststellen, dass ihr das nicht gefällt. Sie könnte dann mit ihm darüber reden und fragen, was in ihm abläuft und ob sie ihn unterstützen kann, da sie fühlt, dass er nicht wirklich offen ist und auf sie zukommt. Sie könnte versuchen, ihn zu verstehen und zu hinterfragen. Das kann man aber nur, wenn man wertneutral ist, das heißt kein Problem damit hat. Es ist ja in erster Linie das Problem des Mannes, der sich nicht öffnen kann.

Wenn er bei ihr aber auf eine Wunde trifft, wird sie natürlich reagieren und es zu ihrem Problem machen. Aber eben immer nur re-agieren, nicht agieren. Sie handelt also aus der Not heraus. Sie möchte ihr ungutes Gefühl loswerden. Und da sie glaubt, dass es etwas mit ihrem Mann zu tun hat, wird sie ihn darauf ansprechen. Wahrscheinlich aber in einer vorwurfsvollen Art, mit der sie ihn in die Enge treibt. Er wird sich mit »Recht« wehren, da er gar nicht so richtig versteht, was sie meint und will. Er wird die Worte sicherlich hören. Also so etwas wie: »Du nimmst mich nicht ernst !« oder »Ich fühle mich vernachlässigt« oder »Du schenkst mir zu wenig Aufmerksamkeit«. Er wird wahrscheinlich nicht wirklich verstehen, was sie meint oder will, da er doch in seiner Welt nicht anders kann. Bei ihm wird ein vorwurfsvoller Ton ankommen, er wird sich angegriffen und unverstanden fühlen, was wiederum bei ihm ein schlechtes Gefühl auslöst, dem er sich sicher so schnell wie möglich entziehen möchte. Egal wie, nur raus aus dem Gefühl und der Situation. Dadurch wird bei der Frau weiter ihr Gefühl (die Angst, nicht geliebt zu werden oder nichts wert zu sein) angetriggert. Was sie wiederum zum Handeln veranlasst – und das ganze »Spiel« beginnt von vorne.

Wenn ich also mit der Frau arbeite, mache ich ihr zuerst einmal klar, dass das Problem in ihr liegt und nur sie es heilen kann. Was ihr natürlich, wenn sie es annimmt, völlig neue Möglichkeiten eröffnet. Denn sie ist völlig frei und unabhängig, um mit dem Heilen ihrer alten Wunde zu beginnen. Sie braucht also nicht erst zu warten, bis ihr Mann auch etwas unternimmt und mit ihr in die Behandlung kommt. Das Erste, was ich in so einem Fall mache, ist die Frau nach ihrem Gefühl zu fragen, um sie es dann fühlen zu lassen. Wenn sie es dann fühlt, frage ich: »Wie alt fühlen Sie sich denn, wenn Sie das Gefühl [das ihr Mann in ihr auslöst] fühlen ?« In der Regel sagt sie dann: »Ich bin mir nicht ganz sicher, aber auf jeden Fall klein und hilflos.« Sie fühlt also ein Gefühl aus der Vergangenheit, als sie noch klein und auf die Aufmerksamkeit der Eltern angewiesen war.

Wenn ich dann die Frage stelle, wie alt sie heute ist und wie lange sie ihren Mann kennt, wird sehr schnell klar, dass das Gefühl älter ist als die Beziehung zu ihrem Mann. Das Gefühl stammt also definitiv nicht von ihrem Mann, sondern aus ihrer Kindheit. Ihr Mann erinnert sie nur durch sein Verhalten daran und drückt auf eine alte Wunde.

Es macht also wirklich keinen Sinn, jemanden für etwas verantwortlich zu machen, womit er ursprünglich gar nichts zu tun hat.

Wenn man das erst mal verstanden und angenommen hat, ist es leicht zu verstehen, dass man es durch Unterdrücken oder Wegdiskutieren nicht lösen kann. Denn jede Diskussion, die Paare oder Menschen bei einem unguten Gefühl führen, führt weg von dem Gefühl. Die Diskussion hat, im günstigsten Fall, den Sinn, es verstehen und klären zu wollen. Im ungünstigeren Fall hat sie allerdings den Sinn, es unterdrücken und durch Schuldzuweisungen wegmachen zu wollen.

Beides führt auf keinen Fall zur tatsächlichen Lösung. Denn es spielt sich beim Reden und Analysierenwollen immer im Kopf ab. Und da kann ich es nicht nur nicht lösen, sondern der Kopf ist doch überhaupt erst das Problem. Der Kopf hat in der Kindheit irgendwann damit begonnen, verstehen zu wollen, warum der Schmerz, nicht geliebt zu werden oder zu wenig Aufmerksamkeit zu bekommen, überhaupt da ist. Da der Kopf natürlich auf Grund des Schmerzes annimmt, es habe etwas mit ihm zu tun, wird er es natürlich auch ernst nehmen und verändern wollen.

Da die Eltern aber wahrscheinlich nicht beide arbeiten waren, um das Kind zu ärgern oder zu quälen, sondern um Geld zu verdienen, irrt sich das Kind hier also. Der Kopf versucht etwas zu heilen oder zu verändern, das es in dieser Form gar nie gab. Er möchte also eine Illusion heilen. Und dadurch erschafft er bereits wieder eine neue Illusion. Nämlich die Illusion, dass es etwas zu verändern gebe, an dem er schuld ist.

Da es der Kopf letztendlich nicht heilen kann, wer dann ?

Nach dem bisher Gesagten ist das klar: Es ist der Körper. In diesem ist das Gefühl ja auch abgespeichert. Der Körper hat ein eigenes Gedächtnis. Es sind ja nie der Kopf oder die Gedanken das Problem. Es sind immer die Gefühle. Und die sind im Körper und nicht im Kopf. Wenn ich etwas einfach nur zur Kenntnis nehme und dabei nichts fühle, ist es kein allzu großes Problem. Nur die unangenehmen Gefühle machen Probleme. Diese wollen wir ja auch weghaben.

Und sein Zell- oder Körpergedächtnis kann man nicht wegdenken. Man kann es nur durch Fühlen und Zulassen heilen. Allerdings auch nicht nur durch einfaches Zulassen, sondern durch Annehmen und Fühlenwollen. Durch nur unbewusstes Fühlen verstärke ich es unter Umständen nur noch.

Der Körper denkt nicht, er fühlt. Und ich kann ihn auch nur heilen, indem ich ihm neue Erfahrungen zugänglich mache. Und dies kann ich, indem ich in einer Situation, in der ich mich nicht gut oder angegriffen fühle, mich auf mein Gefühl konzentriere und es mit offenen Armen empfange. Anstatt es unterdrücken oder wegdiskutieren zu wollen.

Das Zellgedächtnis hat damals auf Grund des Schmerzes angenommen, in einer lebensbedrohlichen Situation zu sein, die es unter allen Umständen zu verhindern oder zu eliminieren galt, koste es, was es wolle. Wenn nötig, durch die Aufgabe meiner Identität oder Persönlichkeit, falls diese überhaupt schon vorhanden war. Wenn das nicht gelang, dann bestand der Ausweg darin, am besten gleich die Identität anzunehmen, die es mir leichter machte. Also: Ich bin nichts wert, keiner liebt mich, ich bin dumm usw.

Diese Schmerzvermeidungsidentität gilt es zu verändern. Das machen Sie am besten, indem Sie in einer schmerzvollen Situation einmal anders reagieren als bisher. Das heißt, sich nicht vom Schmerz weg-, sondern durch Annehmen und Fühlen auf ihn zu bewegen. So geben Sie dem Schmerzkörper das Gefühl, nicht mehr allein und unbeobachtet zu sein.

Wahrscheinlich fühlt sich Ihr Körper dadurch zum ersten Mal in einer schwierigen Situation angenommen und beschützt. Zum ersten Mal durchbrechen Sie dadurch die alten Schmerzvermeidungsstrategien, die Ihr Problem überhaupt weiterhin am Leben halten. Ihr Schmerzkörper und dadurch das innere kleine Kind wird sich nicht mehr allein und unbeobachtet fühlen. Es fühlt die Verbindung zu Ihrem Bewusstsein, die Verbindung zur Realität der Gegenwart. Und in der Gegenwart gibt es das Problem nicht mehr wirklich.

Denn das Problem bestand darin, dass das kleine Kind gefühlt hat: Wenn mich meine Eltern nicht mehr lieb haben und sich nicht mehr um mich kümmern, werde ich nicht überleben können.

Heute ist es zwar immer noch das Gefühl des kleinen Kindes – das allerdings immer noch in der Vergangenheit lebt. Es hat nie mitbekommen, dass die Zeit weiterlief und es überlebt hat. Heute ist der Mensch erwachsen und kann sich um sich selbst kümmern, ist also nicht mehr lebensgefährlich bedroht, wenn sich jemand abwendet.

Durch das liebevolle, sanfte und bewusste Annehmen Ihrer schmerzhaften Gefühle geben Sie Ihrem Körper ein Gefühl von Sicherheit. Ihr bisher unbeobachtetes, kleines Kind fühlt sich plötzlich wichtig und steht im Mittelpunkt. Das, was es sich immer gewünscht hat und nicht nur von den Eltern, sondern auch von Ihnen bisher nicht ausreichend bekam. Hätte es bekommen, was es gebraucht hat, egal ob von Ihren Eltern oder später von Ihnen, hätten Sie jetzt nicht diese schmerzvollen Gefühle von Verlassensein, Alleinsein oder sonstigen Ängsten.

Was also heilt ist bewusste Aufmerksamkeit, Verantwortung und das liebevolle Annehmen der Gefühle Ihres inneren Kindes. Wenn Sie es nicht tun, wer dann ? Ein anderer kann es Ihnen nicht abnehmen, so sehr Sie es auch wollen.

Und die Ursache hierfür liegt wieder in Ihrem Unterbewusstsein begraben. Wie schon erwähnt, lässt Ihr Organismus auf Grund seiner Verletzungen in der Vergangenheit niemanden mehr an sich ran. Er denkt: Wenn es meine Eltern schon nicht schaffen, mir Sicherheit zu bieten, wer dann. Ich kann und will niemand mehr vertrauen. Dann kann es auch nicht mehr passieren, dass ich so enttäuscht werde und mich so lebensbedroht fühle.

Die positive Absicht, nicht mehr verletzt zu werden, indem ich niemanden mehr an mich ranlasse, ist zwar verständlich, hält das Problem allerdings ein Leben lang aufrecht. Und es macht sehr einsam und zum Opfer der Vergangenheit.

Erst wenn Ihr Organismus davon überzeugt ist, dass der Albtraum zu Ende ist und er lernt, Ihnen zu vertrauen, ist er befreit und in der Lage, sein eigenes, selbst bestimmtes Leben zu führen. Dann macht es auch nichts mehr, wenn sich jemand mal abwendet. Es taucht dann nicht mehr das hilflose und ängstliche Gefühl der Kindheit auf. Sie nehmen dann wahr, dass es so ist wie es ist und können es ohne Groll und vorwurfsvollen Ton ansprechen und gegebenenfalls klären.

Es macht Sie frei und handlungsfähig.

Zurück zu meiner Klientin. Wenn sie also wahrnimmt, dass ihr Mann nichts in ihr auslösen kann, was sie nicht schon in sich trägt, hat sie schon die halbe Strecke auf dem Weg zu ihrer Heilung hinter sich. Wenn sie dann noch anfängt, ihre Gefühle zu fühlen und zuzulassen, kommt sie sich und ihrem inneren verletzten Kind sehr nahe. Dies des Öfteren durchgeführt, wird ihr die Freiheit und Unabhängigkeit bringen.

Wenn sie bisher also gejammert und sich ungerecht behandelt gefühlt hat und um jeden Preis versucht hat, diese Gefühle zu verhindern oder auf ihren Mann abzuwälzen, sich dadurch also selbst zum Opfer gemacht hat, kann sie jetzt die Verantwortung für sich und ihre Vergangenheit übernehmen und ist jedes Mal, wenn sie die Gefühle annimmt, ihrer Heilung etwas näher gekommen.

Genau genommen, sollte sie schnellstmögliche Heilung wollen, müsste sie sich ab jetzt über jede »Verletzung« seitens ihres Mannes freuen und diese dankend und sofort annehmen. Denn je öfter sie ihren Organismus in einer Krisensituation bewusst annimmt, umso schneller lernt dieser, dass er nicht mehr allein und unbeobachtet ist. Er fühlt sich von Mal zu Mal sicherer und beschützt.

Wie wollen Sie jemandem beweisen, dass er auf Sie zählen kann, wenn Sie ihn in einer Krisensituation allein lassen. Am besten, Sie beschwören eine Krisensituation herauf, die Sie noch kontrollieren können und sind dann einfach da. Nur Taten überzeugen, keine Worte.

Also auf meine Klientin angewandt, würde es bedeuten, dass sie ab sofort nicht mehr zu ihrem Mann sagt, dass er etwas falsch mache, sondern dass er das, was er bisher gemacht hat, jetzt noch einmal machen solle. Allerdings unter kontrollierten Bedingungen. Damit meine ich: Sie sollte sich ihrer Verantwortung bezüglich ihrer Gefühle klar sein. Und wenn sie dazu bereit ist, sollte sie ihren Mann bitten, das nicht gewünschte Verhalten noch einmal auszuführen, sich auf ihre Atmung und Gefühle konzentrieren und diese annehmen. Da sie jetzt weiß, dass die Gefühle, die dann auftauchen werden, nichts mit ihrem Mann zu tun haben, sondern dass sie ihren Organismus sich lediglich an die Vergangenheit als Kind erinnern lassen, kann sie sich jetzt auf sich und ihre Gefühle konzentrieren – anstatt sich mit unnützen Diskussionen abzulenken. Nur so kann sie ihrem Schmerzkörper gezielt beweisen, dass er nicht mehr alleine ist und dass nichts mehr passieren wird. Dann hört nicht nur ihr Schmerz auf, sondern auch der dauernde Missbrauch gegenüber ihrem Mann.

Denn jedes Mal, wenn sie denkt, ihr Mann sei für ihre Gefühle verantwortlich und zuständig, und sie möchte, dass er sie ihr durch Zuneigung, Entschuldigungen oder sonst etwas wegnimmt, macht sie sich zum Opfer und abhängig von außen. Sie missbraucht ihren Mann, um ihre Gefühle loszuwerden und nicht fühlen zu müssen.

Sie möchte ja, dass ihr Mann diese heilt. Da er die Gefühle allerdings in der Vergangenheit nicht provoziert hat, ist er dafür wohl der falsche Ansprechpartner. Selbst wenn er es gewesen wäre, würde der Organismus ihn jetzt sowieso nicht mehr an sich ranlassen. Er hat sich ja geschworen, nicht mehr zuzulassen, verletzt zu werden, also niemandem mehr zu vertrauen. Denen, die ihm den Schmerz ursprünglich zugefügt haben, am allerwenigsten.

Wenn sie also nicht wartet, bis irgendjemand unerwartet in ihr die Gefühle auslöst, die sie zum Opfer und handlungsunfähig machen, sie also zu ihrem Problem werden, sondern wenn sie die Verantwortung und dadurch auch die Kontrolle übernimmt, kann sie den Teufelskreis durchbrechen. Denn zum ersten Mal erschafft SIE willentlich und bewusst ihr Problem. Und das unter kontrollierten Bedingungen – anstatt wie bisher unbewusst abzuwarten, bis ihr Problem aus dem Nichts auftaucht und zu ihrem Problem wird und sie handlungsunfähig macht. Je mehr sie sich mit ihrem Problem bewusst auseinandersetzt, die Verantwortung übernimmt und damit zu »spielen« beginnt, umso eher verliert es seinen Schrecken und macht sie frei von der Illusion, dass ein anderer für ihre Gefühle verantwortlich und zuständig ist.

Wenn ihr Mann das Konzept jetzt auch noch verstehen lernt, könnte er sie durch liebevolles Annehmen unterstützen. Wie gesagt, lediglich unterstützen, mehr nicht. Heilen kann nur sie es.

Das Gleiche erlebe ich natürlich auch immer umgekehrt. Also dass ein Mann kommt und der Meinung ist, dass seine Frau oder sein Chef für seine Gefühle und Situationen verantwortlich seien.

Es gibt heute kaum jemanden, der für unsere Gefühle zuständig oder gar verantwortlich ist. Nur wer das kapiert, wird die Verantwortung für sich und sein Leben übernehmen können. Alles andere ist selbstzerstörerischer Wahnsinn.

1.12 Es gibt nur zwei Ängste

Was, glauben Sie, ist die größte Angst der Menschen ? Die meisten antworten auf die Frage mit: die Angst vor dem Tod.

Die Wahrheit ist, es ist die Angst vor dem Leben. Genauer gesagt, ein voll verantwortlicher und bewusster Schöpfer seiner Umstände zu sein. Die Angst, das eigene Licht leuchten zu lassen. Und daraus resultiert die zweite Angst. Die Angst, Opfer zu werden, dass man nicht ernst genommen und abgelehnt wird.

Mehr Ängste gibt es nicht, da alle anderen Ängste aus diesen beiden resultieren.

Wenn wir also absolute Heilung anstreben und ein freies, friedliches und glückliches Leben führen wollen, müssen wir uns mit diesen Ängsten auseinandersetzen und uns von der ersten Angst befreien. Dies ist mit Sicherheit die schwerste Aufgabe in unserem Leben.

Mehr zu diesem Thema werde ich in meinem zweiten Buch ausführen. Bis dahin haben Sie erst einmal einiges zu tun, um überhaupt mal Herr ihres bisherigen Lebens zu werden.

Sie werden sehr schnell feststellen, wie viel Spaß es machen wird, Schöpfer bzw. Verantwortlicher Ihrer bisherigen Umstände zu sein.

1.13 Die neurologischen Ebenen

Die neurologischen Ebenen beschreiben, wie unsere Persönlichkeit aufgebaut ist, wie sie funktioniert und reagiert. Im folgenden Pyramidenschema sind diese Ebenen dargestellt:

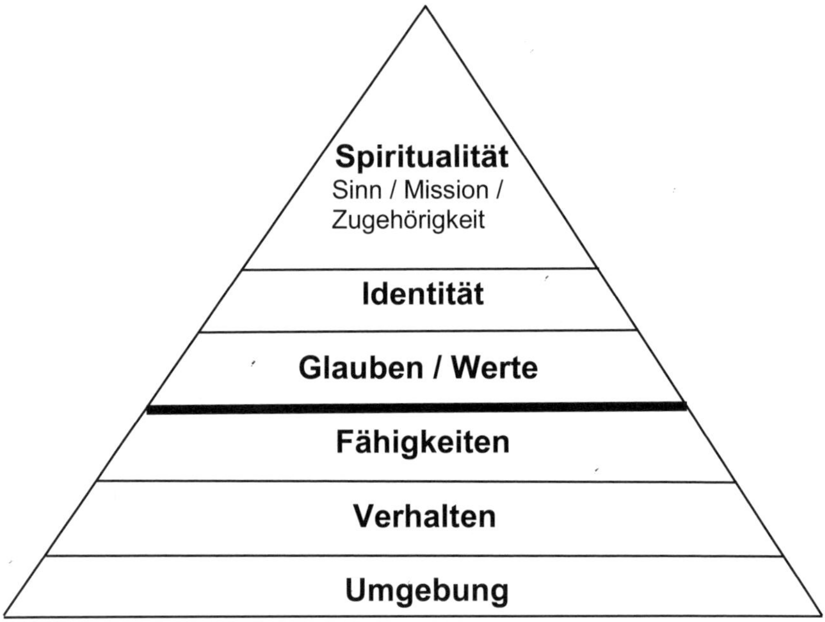

Die tatsächliche **Umgebung**, in der wir uns befinden, bildet die Basisebene.

Die Ebene darüber stellt unser **Verhalten** in den jeweiligen Situationen dar.

Eine weitere Ebene beschreibt die **Fähigkeiten**, die uns im Moment zur Verfügung stehen.

Mit **Glauben und Werte** sind unsere Glaubenssätze, die wir denken oder aussprechen, gemeint, wie z. B.: »Ich glaube, ich bin zu dumm für ...« – »Ich glaube, das kann ich nicht schaffen.« – »Ich glaube, er liebt mich nicht mehr.« – »Ich glaube, ich bin liebenswert.« U. v. m. Die Werte sind z. B.: Freiheit, Pünktlichkeit, Ehrlichkeit, Zuverlässigkeit u. a.

Die Ebene der **Identität** beschreibt, was sich bei uns unauslöschbar eingeprägt hat. Auf dieser Ebene sagt man nicht mehr: »Ich glaube, ich bin dumm«, sondern: »Ich bin dumm !« Es ist zur Identität geworden. Ich identifiziere mich also mit dem Glaubenssatz.

Spiritualität ist ein Überbegriff für »Sinn«, »Mission« und »Zugehörigkeit«. Was ist also der Sinn meines Lebens ? Welche Mission habe ich und wem oder was fühle ich mich zugehörig ?

Was bedeuten die neurologischen Ebenen für Sie und Ihre konkrete Lebensführung ?

Umgebung: Nehmen Sie Ihren Beruf. In welcher Umgebung arbeiten Sie ? Wie sieht es da aus ? Sind Sie alleine ? Gefällt Ihnen Ihre Arbeitsumgebung ? Wenn nein, weshalb ändern Sie dann nichts ? Wenn Sie jetzt sagen: Das geht eben nicht so einfach, dann, glauben Sie mir, sollten Sie ernsthaft darüber nachdenken, wie Sie es möglich machen könnten. Denn wissenschaftliche Studien belegen, dass die Arbeitsumgebung für die Gesundheit und das Wohlbefinden von Menschen sehr wichtig ist. Eine schlechte und nicht harmonische Umgebung trägt zu vielen Krankheitsauslösern bei.

Verhalten: Wie ist es mit Ihrem Verhalten im Beruf ? Wie verhalten Sie sich gegenüber Ihren Kollegen oder Kolleginnen ? Sind Sie eher freundlich und aufgeschlossen oder zurückhaltend und ruhig ? Egal wie Sie sich verhalten, Ihr Verhalten hat einen tieferen Grund und ist erst einmal völlig normal. Auch wenn andere etwas anderes sagen oder denken. Ich komme später darauf zurück.

Fähigkeiten: Wie sind Ihre Fähigkeiten im Beruf ? Sind Sie fähig Ihren Beruf zur Zufriedenheit Ihres Vorgesetzten oder Ihrer selbst zu führen ? Welche Fähigkeiten bräuchten Sie eventuell noch, um es leichter zu haben ? Z. B. die Fähigkeit, Ihren Mitmenschen zuzuhören und sie verstehen zu können ? Die Fähigkeit, sich selbst besser verstehen und annehmen zu können ?

Glauben und Werte: Was glauben Sie über sich und Ihre Kollegen oder den Vorgesetzten ? Glauben Sie, Sie sind gut genug oder nicht gut genug für diese Arbeit ? Glauben Sie, Ihre Kollegen haben es besser als Sie ?

Welche Werte leben Sie im Beruf ? Ist Ihnen Freiheit und Entscheidungsfreiheit besonders wichtig bzw. wertvoll ? Lieben Sie Pünktlichkeit und Loyalität ?

Identität: Welche Identität leben Sie im Beruf ? Was denken oder sagen andere über Sie ? Sind Sie bekannt als der Ehrliche, Pünktliche oder der Streber ? Und identifizieren Sie sich mit dem über Sie Gesagten ?

Wollen Sie denn diese von außen auferlegte Identität ? Stimmt sie denn überhaupt ? Und wie kommt es, dass man Sie so kategorisiert? Womit identifizieren Sie sich denn ? Wer sind Sie ?

Spiritualität: Spiritualität bedeutet für mich, einen Weg im Leben finden. Am besten den Weg zu sich selbst. Wir teilen diesen Bereich hier, um ihn besser zu verstehen, in Sinn, Mission und Zugehörigkeit.

Also: Welchen Sinn sehen Sie in Ihrer Arbeit ? Welche Mission verfolgen Sie damit ? Und zu welchem Großen und Ganzen fühlen Sie sich in Ihrer oder durch Ihre Arbeit zugehörig ?

Sollten Sie diese Fragen nicht beantworten können, vermute ich mal, können Sie wohl kaum glücklich und zufrieden mit Ihrem Beruf sein. Also welche Berufung haben Sie ? Zu was fühlen Sie sich berufen ? Weshalb machen Sie es nicht zu Ihrem Beruf ? Was hält Sie davon ab ?

Wenn Sie nie mehr in Ihrem Leben arbeiten gehen möchten, dann machen Sie das, was Ihnen Spaß macht. Also finden Sie Ihre Berufung.

Sollten Sie zu denen gehören, die sich all diese Fragen noch nie gestellt haben und trotzdem glücklich und zufrieden sind: Herzlichen Glückwunsch. Sie machen wohl unbewusst alles richtig. Wenn Sie es jetzt noch auf eine bewusste Ebene bringen, werden Sie vielleicht noch glücklicher. Denn Sie werden herausfinden, wie Sie funktionieren, und können – sollte es einmal nicht so glücklich laufen – besser und schneller Veränderungen herbeiführen. Sitzen Sie nämlich erst mal im Tunnel, ist es schwer, wieder herauszukommen.

Wenn Sie die neurologischen Ebenen verstehen und anwenden können, werden Sie besser verstehen, wie Sie »funktionieren« und »reagieren«. Denn solange alles gut läuft, ist es vielleicht egal, wie etwas abläuft. Nur wenn erst einmal etwas aus dem Ruder läuft, haben Sie alle Hände voll zu tun, um klarzukommen. Sich dann noch mit seiner Persönlichkeit und den neurologischen Ebenen zu beschäftigen ist kaum noch möglich. Sie haben dann nämlich keine Persönlichkeit mehr, die lernen könnte oder gar wollte. Sie fragen, warum das so ist?

Eine wirklich gute Frage. Hätte von mir sein können. Dazu muss ich mal wieder etwas weiter ausholen. Was ist denn überhaupt eine oder die Persönlichkeit ? Sicherlich wird diese nicht vollkommen erfasst durch das, was mit den neurologischen Ebenen beschrieben wird, zu einer solchen gehört schon noch mehr. Aber wir bleiben jetzt einmal bei diesen. Die Umgebung, das Verhalten und die Fähigkeiten spielen dabei eine untergeordnete Rolle. Sie sind auf Grund unserer Kindheit antrainiert, d. h. wir mussten als Kind, um einigermaßen reibungslos klarzukommen, entweder das gewünschte Verhalten der Eltern annehmen oder, wenn diese kaum da waren oder sie es nicht sonderlich interessiert hat, herausfinden, mit welchem Verhalten wir die meiste Aufmerksamkeit bekommen.

Ebenso die Fähigkeiten: Welche Fähigkeiten mussten wir erlernen, um klarzukommen ? Natürlich gibt es Eltern, die ihre Kinder dabei unterstützen, ihr Verhalten und ihre Fähigkeiten herauszufinden. Ich werde die Ebenen »Umgebung«, »Verhalten« und »Fähigkeiten« im nachfolgenden Abschnitt »Streitgespräch eines Paares« genauer erklären.

Kommen wir zu den Ebenen »Werte und Glauben«, »Identität« und »Spiritualität«. Ab diesen Ebenen wird es im wahrsten Sinne des Wortes lebensbedrohlich.

Wir haben Werte und Glaubenssätze kreiert, um überleben zu können. Was auch immer unsere Eltern getan haben, sie hatten keine Wahl und konnten es nicht besser machen. Allerdings konnte unser Organismus das nicht verstehen. Was auch immer in unserer Vergangenheit passiert ist, es hat unseren Organismus glauben lassen, dass es um uns geht. Und das auf Grund des Schmerzes, den wir erlebt haben. Wenn Sie zu denen gehören, die jetzt sagen: »Meine Eltern haben mich aber geschlagen, missbraucht, permanent angeschrien oder ungerecht behandelt«, haben Sie natürlich Recht, das war für Sie absolut nicht in Ordnung. Kinder brauchen Schutz und Sicherheit von ihren Eltern, keine Grenzverletzungen und Demütigungen. Und das können die Eltern nun mal nicht immer garantieren.

Als Ihre Eltern auf die Welt kamen, waren sie ebenfalls ihren Eltern schutz- und hilflos ausgeliefert. Was aus Ihren Eltern geworden ist, ist das Resultat aus deren eigener Vergangenheit. Es rechtfertigt sicher nie, was Ihnen oder anderen Kindern angetan wurde. Trotzdem hatten Ihre Eltern keine andere Wahl. Sie als Kind hingegen mussten es auf Grund der Schmerzen persönlich nehmen.

Ein Kind liegt ja nicht in der Wiege und hat vollen Zugriff auf psychologische Vorgänge. Es kennt nicht die Zukunft, weiß also nicht, dass es das Ganze überleben wird. Ansonsten würde es denken: »Na ja, meine Mutter und mein Vater sind jetzt nicht da, weil sie arbeiten gehen, das fühlt sich zwar lebensbedrohlich an, aber meine Oma ist ja hier und beschützt mich, bis meine Eltern heute Abend nach Hause kommen. Ich nehme das jetzt mal nicht persönlich, sie machen es ja aus Liebe, damit es uns gut geht und ich später studieren kann.

Selbst in einem extremen Beispiel, in dem ein Vater sein Kind schlägt oder gar missbraucht, kann das Kind nicht die Unfähigkeit und Hilflosigkeit des Vaters sehen und fühlen. Wie auch, es wird ja lebensbedrohlich belästigt. Sonst würde es zwar auch leiden, es aber nicht persönlich nehmen und Glaubenssätze kreieren, die ihm eine Mitschuld geben, wie es bei Missbrauchsopfern meist der Fall ist. Es würde, wenn es all das wüsste, nicht auf der Identitätsebene denken: »Ich bin nichts wert«, und auf der Glaubensebene: »Ich muss dafür sorgen, dass mich niemals mehr jemand so verletzt. Ich werde also in meinem ganzen Leben niemals mehr jemanden so nah an mich ranlassen, dass so etwas passieren kann.«

Damit meine ich nicht, dass das Verhalten des Vaters in Ordnung ist. So etwas gehört auf jeden Fall angezeigt. Allerdings nicht nur, um den Vater wegzusperren und die Tochter dadurch vor ihm zu schützen, sondern damit die Tochter nicht weiter belästigt wird und therapeutische Hilfe bekommt. Der Vater sollte allerdings ebenfalls therapeutische Hilfe bekommen. Denn er macht das sicherlich auch nicht freiwillig, sondern wird auf Grund seiner Vergangenheit dazu getrieben. Er kam so sicherlich nicht auf die Welt, die Welt hat ihn erst dazu gemacht. Er kam als unschuldiges und hilfloses Baby zur Welt. Das in einer sicherlich grausamen und harten Welt aufgewachsen ist. Kein »gesunder« Mensch würde ansonsten seinen Artgenossen so etwas antun.

Menschen, die jetzt sagen, dass das völliger Quatsch sei und der Mann das Gleiche erfahren solle wie das Kind, sind meiner Meinung nach auch nicht besser und haben wohl Ähnliches in der Kindheit erlebt, sonst würden sie nicht genauso grausam reagieren.

Die beste Therapie, die das Mädchen bekommt, nützt nichts, wenn sie in ihrer Therapie davon ausgeht, dass der Vater ein Täter und sie ein Opfer ist. Damit hält man sie in ihrer Identität als Opfer gefangen und auch ihren Glaubenssatz aufrecht: »Ich darf nie mehr jemanden an mich ranlassen.«

Würden sie und der Vater eine vernünftige Therapie bekommen, in der der Vater seine Vergangenheit heilen kann, könnte er der Tochter neu begegnen, sich bei ihr entschuldigen und alles wieder gutmachen. Es wäre sicherlich ein langer Weg, aber der einzige, der Vater und Tochter aus dem Teufelskreis herausholen und heilen würde.

Schließt man den Vater einfach nur weg, dann stempelt man ihn eindeutig als Täter ohne Chance ab. Er wird wieder einmal, wie so oft in seiner Kindheit, ohne Chance verurteilt. Seine Wut wird dadurch nur noch größer und sie wird, wenn er irgendwann aus dem Gefängnis kommt, sicherlich zu einer noch größeren Bedrohung. Er hat also keine Chance auf Heilung seiner eigenen Hölle, die in ihm lebt.

Es kommt also vor, dass wir uns in der Kindheit in irgendeiner schwierigen, Angst machenden Situation allein und hilflos gefühlt haben, weil die Eltern, die uns Sicherheit, Schutz und Halt hätten geben sollen, nicht da waren. Das war für unseren Organismus absolut lebensbedrohlich. Und da jeder lebende Organismus instinktiv darauf aus ist, um jeden Preis zu überleben, wird er ein Verhalten oder Fähigkeiten kreieren, um das Überleben zu sichern. Koste es, was es wolle.

Diese Fähigkeit zu überleben braucht ein entsprechendes Verhalten. Läuft dieses Verhalten einige Zeit erfolgreich, wird es zu einer nicht weiter überprüften Fähigkeit.

Ein Beispiel: Ein Kind, das oft allein gelassen wird oder sich allein gelassen fühlt, wird seine instinktive Fähigkeit zu überleben dahingehend anwenden, dass es schreit oder sonst irgendwie auf seinen Schmerz aufmerksam macht. Wird es dadurch wahrgenommen, hat das Verhalten Erfolg und wird immer wieder angewandt. Hat dieses Verhalten keinen Erfolg, werden neue Verhaltensweisen ausprobiert. So lange, bis der Schmerz nachlässt, also das Kind Aufmerksamkeit bekommt.

Sollte das alles nichts bringen, wird das Kind sich zurücknehmen und eventuell aufgeben wollen. Das wird der Organismus allerdings nie zulassen. Er wird ein Verhalten kreieren, das auf Rückzug und Flucht aus ist, da der Angriff, also das Schreien, nichts gebracht hat. Der Organismus wird unbewusst alles daransetzen, sein Überleben zu sichern. Er glaubt nämlich, dass er nicht überleben wird, wenn die Eltern nicht da sind. Wären die Eltern tatsächlich weg und niemand anderes da, wäre es ja auch so. Dieses instinktive Wissen tragen wir seit eh und je in uns, sonst hätten wir Menschen nicht überlebt.

Diesen Instinkt tragen alle Lebewesen in sich. Es ist ein unbewusstes Verhalten. Wenn Sie einmal im Zoo ein Affenbaby beobachten, das sich auf dem Rücken seiner Mutter festkrallt und plötzlich runterrutscht, werden Sie ein lautes panisches Geschrei hören und sehen, wie es sofort wieder aufspringt und sich festklammert. Auch wenn das Affenbaby einfach nur runterrutscht und vielleicht sogar noch Körperkontakt mit der Mutter hat, wird es panisch reagieren. Es hat instinktiv abgespeichert, dass, würde dasselbe in der Wildnis passieren und die Mutter weiterlaufen, es kaum eine Überlebenschance hätte. Es weiß nicht, dass das in einem Zoo nicht passieren kann.

Und so ist es in dem größten Teil unseres Gehirnes, dem Reptilhirn, auch abgespeichert. Die ganze Logik eines erwachsenen Menschen nützt nichts mehr, wenn wir uns bedroht fühlen. Denn unser Reptilhirn reagiert auf einer animalischen Ebene, auf der Denken noch nicht existiert. Dementsprechend reagieren manche Menschen in lebensbedrohlichen Situationen auch wie Tiere. Auf dieser Ebene unterscheiden wir uns nicht.

Unser Organismus kann wie das Affenbaby in schwierigen Situationen nicht mehr zwischen real-lebensbedrohlich und instinktiv-lebensbedrohlich unterscheiden. In den wenigsten Fällen werden wir tatsächlich lebensbedrohlich angegriffen, aber wir reagieren so, als ob es so wäre.

Wird ein Kind öfter allein oder im Stich gelassen, wird es irgendwann glauben, dass es nichts wert sei. Es prägt für sich den Glaubenssatz: »Ich bin nichts wert«, oder »Meine Eltern haben mich nicht lieb«. Dieser Glaubenssatz und der dahintersteckende Schmerz treiben das Kind an, etwas dagegen zu tun.

Vielleicht denkt es: Wenn ich besonders brav und lieb bin, müssen mich meine Eltern doch lieb haben. Es wird beobachten, was es tun oder lassen soll, um den Eltern zu gefallen. Findet es heraus, dass es die Eltern gut finden, wenn das Kind brav und angepasst ist, wird es das unter Umständen als Verhalten annehmen und auch zu seinen Werten und Glauben machen. Wenn der Schmerz darüber, nicht wichtig zu sein oder nicht geliebt zu werden, dadurch aufhört, hat es sich ja gelohnt und er wird nicht weiter überprüft oder infrage gestellt. Hauptsache, der lebensbedrohliche Schmerz lässt nach.

Dieses Übernehmen der Glaubenssätze und Werte der Eltern prägt uns genauso, wie es sie geprägt hat.

Es ist egal, ob wir das oder das Gegenteil davon machen, was die Eltern oder der Schmerz von uns verlangt, wir tun etwas nie wirklich freiwillig. Das ist normal. Da wir ja als Kinder noch keine Orientierung haben, übernehmen wir entweder die der Eltern oder anderer Vorbilder oder wir machen das Gegenteil von dem, was unser Schmerz will: Geprägt werden wir so oder so. Irgendetwas müssen wir ja auch lernen, um zu überleben. Wir sollten dieses eingeübte Verhalten später, spätestens wenn wir als Erwachsene unser eigenes Leben leben wollen, überprüfen und anpassen.

Was auch immer wir gelernt haben, formt unsere Identität. Wenn jemand lange genug glaubt, dumm oder nichts wert zu sein, wird dieser Glaube zu seiner Identität. So jemand wird natürlich keine weitere Bestätigung wollen. Also wird er auf keinen Fall großartig auf sich aufmerksam machen, egal ob im Beruf oder privat. Er wird eher unbewusst Situationen suchen, in denen er sich und anderen beweisen kann, dass es so ist, wie er es glaubt, dass es ist. Schließlich kann er mit den altbekannten Gefühlen, nichts wert zu sein, besser umgehen. Das Schlimmste, was so jemanden passieren kann, ist, wenn er »versehentlich« ein Lob oder Kompliment bekommt. Dieses Gefühl ist für ihn kaum auszuhalten und wird meist auch als Falle oder Missverständnis abgetan.

Sollte eine Frau zum Beispiel das Gefühl haben, nichts wert zu sein, und ein Mann würde sie ernst gemeint ansprechen, würde sie sicher denken: Der kann ja nicht wirklich mich meinen, der will ja nur das Eine.

Wenn nun ein Mensch auf den höheren Ebenen, also ab »Glauben und Werte«, ein Problem hat, kann er es nie auf einer der niedrigeren Ebenen, also der von »Umgebung«, »Verhalten« und »Fähigkeiten«, lösen. Schon Einstein sagte: »Man kann ein Problem nie auf derselben Ebene lösen, auf der es entstanden ist.« Dem ist hinzuzufügen: darunter erst recht nicht. Viele Menschen versuchen allerdings, wenn sie sich nicht geliebt oder vernachlässigt fühlen, auf der Umgebungsebene zu therapieren, indem sie sich neue Kleider oder sonstige Dinge kaufen. Es verschafft nur im Augenblick des Kaufens etwas Erleichterung und das auch nicht wirklich. In diesem Moment der Ablenkung spürt man nur den Schmerz nicht mehr. Dieses Gefühl hält allerdings nur kurz an und löst das Problem nicht. Es schafft eher neue. Genauso verhält es sich mit »Verhalten« und »Fähigkeiten«. Was nützt mir ein anderes oder angepasstes Verhalten oder die Fähigkeit, mich besser auszudrücken, oder eleganter zu wirken, wenn tief in mir das vermeintliche Wissen ist, dass ich nichts wert bin und mich sowieso niemand liebt.

Streitgespräch eines Paares

Ich zeige Ihnen jetzt anhand eines Streitgespräches die neurologischen Ebenen noch etwas deutlicher. Vielleicht kommt Ihnen ja etwas dabei bekannt vor.

Nehmen wir einen Mann, der im Wohnzimmer sitzt und Zeitung liest. Seine Frau ruft mit leicht aggressivem Ton aus der Küche: »Schaaaaaatz, kommst du mal bitte !« Das »bitte« hätte sie sich auf Grund des Tones sicher sparen können. Es war sicherlich keine ernst gemeinte Bitte, eher eine Drohung, nach dem Motto: Also wenn du nicht kommst, komme ich. Und das möchtest du wohl eher nicht.

Er zuckt sofort zusammen und denkt: »Ich war's nicht.« Er wird also mit Habt-acht-Gefühl in die Küche gehen.

Die Frau zeigt auf einen Teller, der auf der Spülmaschine steht, und sagt mit böser Miene: »Da steht ein Teller auf der Spülmaschine.« Der Mann fühlt sich sicherlich gleich ertappt und angegriffen und sagt ebenfalls aggressiv: »Das sehe ich auch. Wieso stellst du ihn nicht einfach in die Spülmaschine ?« Darauf die Frau mit noch aggressiverem Ton: »Denkst du denn, ich räume immer hinter dir her, ich habe nichts Besseres zu tun ?« Darauf der Mann mit ebenfalls aggressiverem Ton: »Ich arbeite den ganzen Tag und verdiene das Geld, das wir brauchen, und du kannst nicht einmal meinen Teller wegräumen !« Die Wut und Aggression bei beiden steigt ins Unermessliche und die Frau kontert: »Ja, sag doch gleich, das ich nur deine Putze bin. Zu was anderem tauge ich wohl nicht. Von morgens bis abends putze und koche ich nur, räume deine Sachen weg. Und das ist der Dank dafür !« Der Mann kocht auch schon und läuft, da er eine weitere Diskussion für unsinnig hält, er hat ja schließlich alles gesagt, weg. Was die Frau in ihrem Glauben, nichts wert zu sein, bestätigt.

Nun analysieren wir das Ganze einmal.

Die Frau kommt in die Küche und sieht den Teller. Sie fühlt sich sofort schlecht, denn sie denkt, ihr Mann nehme sie nicht ernst, sonst würde er den Teller doch gleich in die Spülmaschine stellen. Es ist nicht der Teller, der ihr Probleme bereitet, sondern das Gefühl, nicht geachtet und respektiert zu werden. Sonst würde sie den Teller zur Kenntnis nehmen und ihren Mann einfach ganz sachlich und in einem ruhigen Ton, von dem sich der Mann nicht angegriffen fühlt, darauf aufmerksam machen. Da sie es aber persönlich nimmt und ihr das schreckliche Gefühl, nicht geliebt zu werden, Probleme bereitet, hat sie kaum eine andere Wahl als ihre Gefühle abzuwehren bzw. auf ihren Mann abwälzen zu wollen. Diese Gefühle, die die Frau bzgl. des Tellers hat, haben sicherlich nichts mit diesem oder dem Mann zu tun. Es sind Gefühle, die sie bereits kennt, sonst wüsste sie ja auch gar nicht, wie sie reagieren sollte. Eben re-agieren, nicht agieren: Sie ist Opfer ihrer Vergangenheit. Sie reagiert also nicht auf ihren Mann, sondern auf ihre Vergangenheit, in der sie wohl schmerzlich erfahren hat, wie es sich anfühlt, nicht respektiert zu werden. Und das soll jetzt ihr Mann in Ordnung bringen. Was völlig unmöglich ist.

Der Mann wiederum fühlt sich ebenfalls nicht verstanden und angegriffen. Er wehrt ebenfalls nur seine Gefühle ab. Sonst könnte er ruhig und sachlich feststellen, dass die Frau Recht hat und er würde selbst den Teller in die Spülmaschine stellen. Er könnte natürlich auch seine Frau in den Arm nehmen und sagen: »Schatz, das ist doch nur ein Teller. Nimm es nicht persönlich, ich habe es einfach vergessen. Ich wollte dich damit doch nicht ärgern.« Reagiert er ebenfalls aggressiv, dann wohl deshalb, weil er in der Vergangenheit eben auch des Öfteren schmerzhaft erfahren musste, was es heißt, nicht »in Ordnung« zu sein. Und dieses hilflose Gefühl möchte er als Erwachsener nicht noch einmal erleben. Deshalb wehrt er es vehement ab.

Beide fühlen sich also in ihrer Welt bedroht und angegriffen und wollen einfach nur überleben. Sie haben keinen Zugriff mehr auf ihr erwachsenes Denken, sondern verhalten sich völlig instinktiv auf den Altersebenen der entstandenen Erfahrungen und Gefühle. Also wie kleine Kinder. Wie man oft auch über andere streitende Erwachsene sagt, diese verhielten sich »wie kleine Kinder«. Der Organismus erinnert sich durch einen äußeren Auslöser, wie es in diesem Beispiel der Teller oder die Worte der Frau darstellen, an das ungute Gefühl und die Bilder aus der Vergangenheit, die in unserem Gehirn abgespeichert sind. Die Erinnerungen und Gefühle in diesem Areal des Gehirns sind mit dem damaligen Alter verbunden und führen uns sofort in damals als hilflos erlebte Situationen zurück. In diesem Moment haben wir auf Grund der heftigen Gefühle keinen Zugang mehr zum jetzigen Bewusstsein und Alter. Wir altersregredieren, d. h. wir reisen im Bruchteil einer Sekunde in die Vergangenheit und sind dieser hilflos ausgeliefert. Wir werden wieder zu dem kleinen Kind aus der Vergangenheit.

Die zwei Erwachsenen werden somit zu zwei kleinen Kindern, die sich wie im Sandkasten verhalten und treten, beißen und spucken, um sich durchzusetzen. Anstatt die Sache mit dem Teller ihrem Mann vorzuwerfen, könnte die Frau auch sagen: »Du hast mir mein Förmchen weggenommen, das erzähle ich meiner Mutter !« Und der Mann: »Heul doch, du alte Petze !«

Hätten beide vollen Zugriff auf sich und ihre Gegenwart, könnten sie es konstruktiv diskutieren und eine Lösung finden. Oder sollten sie in ihren Gefühlen feststecken, aber noch in der Lage sein, altersadäquat zu reagieren, könnten sie es auf die Ebene bringen, auf die es gehört. Es geht hier nämlich um das Verhalten des Mannes, der vermutlich schon des Öfteren vergessen hat, den Teller in die Spülmaschine zu stellen, und es geht ganz alltagspraktisch um die nicht vorhandene Fähigkeit, sich das merken zu können. Die Frau nimmt es aber persönlich und denkt, dass der Mann mit seinem Verhalten sie meine. Also ihre Identität. Sie vergisst dabei völlig, dass das Verhalten ein Problem ihres Mannes ist, das er auch bei einer anderen Frau zeigen würde. Und dass er wahrscheinlich nicht in die Küche kam, den Teller in die Spülmaschine stellte und dann beim Rausgehen dachte: »Ups, ich habe den Teller ja aus Versehen in die Spülmaschine gestellt. Den hole ich schnell mal wieder raus und stelle ihn oben auf die Spülmaschine. Sonst regt sich meine Frau ja gar nicht auf und dann ist es ja wieder so langweilig.« Nein, er hat einfach nicht aufgepasst.

Wir reagieren also immer auf einer dieser neurologischen Ebenen. Die Frage ist nur, wie. Wenn Sie dieses Konzept verstehen und anwenden lernen, wird es Ihr Leben sicherlich leichter und verantwortungsbewusster machen. Denn Sie werden verstehen, dass niemand in Ihnen etwas auslösen kann, was Sie nicht bereits in sich tragen. Und heilen werden Sie es erst, wenn Sie in der Lage sind, die Verantwortung dafür zu übernehmen. Und das kann man durch Abwehr und Unterdrückung nicht erreichen.

1.14 Weshalb Beziehungen erst einmal nicht funktionieren können

Wenn sich Paare finden, geschieht das immer unter den gleichen Bedingungen. Sie haben sich etwas zu geben. Grundsätzlich ist das kein Problem. Im Gegenteil, es ist schön, sich gegenseitig zu unterstützen.

Die meisten Menschen sind allerdings unbewusst. Und das sind sie, wenn sie noch nicht über sich nachgedacht und an sich gearbeitet haben. Darum werden sie das vom Gegenüber Angebotene nicht nur einfach dankend annehmen, nein, sie brauchen es unbedingt.

Wenn sich zum Beispiel ein Mann und eine Frau treffen und kennen lernen, verlieben sie sich in etwas, das sie dringend brauchen. Das kann Liebe, Anerkennung, Respekt, Komplimente, das Gefühl, wichtig oder etwas Besonderes zu sein, oder einfach nur Körperkontakt sein. Egal was es ist, sie wollen es, weil sie es selbst nicht oder zu wenig davon haben und dieser Mangel Schmerzen und ungute Gefühle auslöst.

Menschen, die einen Partner suchen, sind genau genommen »Jäger nach dem verlorenen Schatz«. Und sie suchen diesen Schatz natürlich im Außen. Und wenn ihnen jemand in die Quere kommt, der das Gesuchte zu haben scheint, wird er anvisiert.

In einer Disco würde das bedeuten: Ein Mann ist auf der Suche nach seinem »verlorenen Schatz«. Jetzt sieht er eine Frau, die ihm optisch gefällt. Es wird ein »Schlachtplan« erarbeitet: Wie kommt er, als Indiana-Jones, an all den unsichtbaren Fallen vorbei. Denn diese können lebensbedrohlich sein, sie fühlen sich auf jeden Fall so an.

Diese Fallen bestehen darin, dass ihn die Frau erst gar nicht wahrnimmt oder, sollte er diese Hürde genommen haben, einen Korb gibt. Gar nicht erst auszudenken, wo das gefühlsmäßig hinführen würde. Also muss der »Plan« funktionieren.

Sollte er also gefahrlos so weit vordringen, dass er die Frau ansprechen kann, muss alles stimmen, er darf sich keinen Fehler erlauben. Was wird sie wohl hören wollen ? Er muss also genau aufpassen, was er sagt und tut. Jede falsche Bewegung oder Aussage kann wie eine Sprengfalle sein und alles mit einem Schlag zerstören. Sollte er zu seiner Person ausgefragt oder besser gesagt »ausspioniert« werden, muss er auf jeden Fall, sicherheitshalber, lügen. Am besten ist es also, sich von seiner besten Seite zu zeigen. Sicher ist sicher.

Er kann es später ja etwas korrigieren. Dazu kommt es meist nicht, denn es kommt vorher schon raus. Wenn er also erst mal »dran ist« und keine groben Fehler macht und auch schön sagt, was die Frau hören möchte, läuft alles nach Plan. Der Schatz kann also bald geborgen werden. Meist sind solche Schätze auch leicht zu bergen. Denn der Schatz weiß meist gar nicht, wie wertvoll er ist, und fällt schnell auf das Lügengebäude herein. Erst wenn die Frau, also der Schatz, ausgebeutet wird, fällt ihr etwas auf. Dann ist es aber meist zu spät. Dieser Raubbau hat bereits viel zerstört.

Was passiert hier also ? Der Mann kommt in eine Disco und trägt einen unbewussten Schmerz in sich, den Schmerz, dass er nicht liebenswert, dumm, nicht gut genug sei oder er fühlt sich einfach nur allein. Und all das soll ihm jetzt die Frau abnehmen. Na, dann mal herzlichen Glückwunsch, liebe Frau. Dies ist nämlich völlig unmöglich. Das wissen aber beide nicht und sie versuchen das Unmögliche möglich zu machen. Umgekehrt gilt das natürlich auch. Die Frau reagiert bei dem Mann auch nur auf das, was sie hören und fühlen möchte. Und das sind eben Dinge, die sie dringend braucht, weil sie diese eben nicht selbst hat. Dieses gegenseitige Brauchen wird dann allerdings immer zum gegenseitigen Missbrauch. Denn sollte einer der beiden einmal damit aufhören, dem anderen das Gebrauchte zu geben, wird es lauthals eingefordert. Und wehe, der andere kommt der Aufforderung nicht nach ! Denn dieses Gefühl, dieser Schmerz des Abhandenkommens, löst Panik aus. Es erinnert an die Kindheit, als dieser Schmerz entstand. Die Eltern haben es bei dem Kind sicherlich unabsichtlich ausgelöst und, aus Unwissenheit, nie geheilt.

Das soll ja jetzt der Partner oder die Partnerin machen.

Der Organismus hatte zum Zeitpunkt der Verletzung, aus Sicherheitsgründen, keine andere Wahl, als das Gefühl einzufrieren. Und Sie erinnern sich: Die »Leib«-Wächter lassen jetzt niemanden mehr vor.

Es ist ja auch ein normales und menschliches Verhalten, den Schmerz abzuwehren. Sonst wäre die Menschheit bereits ausgestorben. Wenn ich einmal die Hand an einer heißen Herdplatte verbrannt habe, möchte ich diese Erfahrung nicht noch einmal machen müssen. Also merkt sich das der Organismus instinktiv. Und sollten Sie mal versehentlich unbeabsichtigt einer heißen Herdplatte zu nahe kommen – keine Sorge, Ihr Organismus erinnert sich daran und lässt Sie rechtzeitig zurückzucken. Das läuft alles unbewusst ab.

Bei dem Schmerz aus Ihrer Kindheit reagiert Ihr Unbewusstes allerdings genauso. Es denkt: Einmal eine schlechte Erfahrung, immer eine schlechte Erfahrung. Wenn Sie also von geliebten Menschen wie Ihren Eltern verletzt wurden – und glauben Sie mir, es gibt kaum jemanden, dem das nicht passiert ist –, wird Ihr Organismus vor der nächsten vermeintlichen Verletzung zurückzucken. Er wird also keinen mehr an sich heranlassen, um sich eben nicht noch mal zu verbrennen, also verletzt zu werden.

Aber dieses unbewusste Verhalten ist absolut kontraproduktiv und schädlich. Die Menschheit würde diesbezüglich, wenn sie nicht bereits wenigstens teilweise erwacht wäre, ebenfalls auf Dauer aussterben. Denn die nicht geheilten Wunden sind überall zu sehen. Sie lösen Kriege aus, zerstören die Natur und machen den Planeten auf Grund von unkontrolliertem Gedankensmog auf Dauer unbewohnbar.

Wenn Menschen nicht wissen, was in Ihrem Unterbewusstsein alles abgespeichert ist, sind sie wie Zombies, Reiz-Reaktions-Maschinen, die nicht wissen, was sie wirklich tun, und eben nur auf Reize reagieren.

In Beziehungen sieht man das sehr deutlich. Partner erwarten gegenseitig, dass der andere ihnen das Problem aus der Vergangenheit abnimmt. Und das bitteschön jeden Tag. Sonst taucht das schreckliche und schmerzliche Gefühl des »Ich bin nicht in Ordnung !« auf.

Und auf diesen Reiz reagiert man dann, indem man den Partner oder die Partnerin verantwortlich macht. Eben ein Reiz-Reaktions-Mechanismus. Auch beim Gegenüber kommt der Vorwurf als Reiz an. Er fühlt sich dann auch nicht mehr geliebt und reagiert ebenso gereizt. Und so weiter und so fort.

Jede Beziehung, die so abläuft – und das betrifft alle, die nicht erwacht sind, also noch keine Therapie oder ein Coaching hinter sich haben –, ist automatisch ein Missbrauch. Die Partner missbrauchen sich, indem sie vom anderen das Unlösbare erwarten. Genau genommen ein Wahnsinn. In Streitsituationen sagt man ja auch oft: »Du machst mich wahnsinnig !« Ehrlich gesagt ist das gar nicht mehr nötig, denn wenn ich von meinem Partner das Unlösbare erwarte, muss ich doch schon bereits geistesgestört und wahnsinnig sein.

Wenn das Paar die Chance auf eine vernünftige Therapie hätte, könnte es sich wunderbar helfen und unterstützen. Denn die beiden passen grundsätzlich hervorragend zusammen. Das Gesetz der Anziehung und das Gesetz der Resonanz sorgt schon dafür, dass die Richtigen zusammenkommen. Denn die beiden inneren Kinder suchen einander aus. Und das auf Grund ihrer gleichen Verletzung. Wer kann sich also besser verstehen als jemand, der das Gleiche erlebt hat.

Falls Sie also bisher gedacht haben, Sie hätten Ihren Partner oder Ihre Partnerin ausgesucht und das auch noch freiwillig, dann wachen Sie mal auf. Ihr innerer Schmerz, das kleine Kind, hat sich seinen Spielgefährten ausgesucht. Und das durch unbewusste Prozesse. Also nicht Sie und Ihr Bewusstsein oder Ihr / e Partner / in hatten dabei die Kontrolle.

Was können unbewusste Paare also tun ?

Ganz einfach. Erst einmal anerkennen, dass sie sich gegenseitig auf Grund Ihrer Vergangenheit und Verletzungen ausgesucht haben. Damit übernehmen sie die Verantwortung. Sie müssen sich dann darüber klar werden, dass es beim Streit oder wenn sie sich vom Gegenüber nicht wahr- oder ernst genommen fühlen, ihr eigener

Schmerz aus Ihrer eigenen Vergangenheit ist. Nicht der Partner ist dafür verantwortlich oder gar daran schuld. Er löst nur etwas aus, das schon vorher da war. Wenn beide in der Lage sind, sich auch noch im Streit daran zu erinnern, können sie die Verantwortung für ihr Gefühl übernehmen und es zulassen. Anstatt es wegzudiskutieren oder vom anderen zu verlangen, dass er es durch eine Entschuldigung wegmachen soll.

Verantwortung übernehmen heißt, zu dem Gefühl zu stehen und es zuzulassen, also das Gefühl wenn möglich in vollem Umfang zu fühlen. Dadurch fühlen Sie das Gefühl des verletzten inneren Kindes auf der Altersstufe, als das Gefühl abgespeichert wurde. Sie haben also in diesem Moment die Chance, durch Annehmen des Gefühls dem jüngeren Ich das zu geben, was es bisher nie oder nicht mehr hatte. Was für ein schöner Moment ! Nach vielen Jahrzehnten kommt endlich mal jemand, der das Kind haben möchte. Das bedeutet Heilung. Je öfter Sie das machen, umso schneller hört der gegenseitige Missbrauch auf und Sie werden ruhiger, sicherer und selbstbewusster. Sich Ihrer eben »selbst bewusster«.

Es kann auch sehr schön und heilsam sein, wenn sich Paare gegenseitig unterstützen. Und das geschieht schon allein dadurch, dass man mit den gegenseitigen Vorwürfen aufhört. Wenn die Partner sich dann auch noch darüber austauschen können, was der andere in ihnen auslöst und sie sich womöglich noch dafür danken, dass es so ist, können Dinge geschehen, die Sie sich kaum vorstellen können. Es ist eine große Herausforderung, sich bei jemandem, der einen mit seinem schmerzlichen Gefühl aus der Vergangenheit konfrontiert, zu bedanken. Sicherlich ist das nicht leicht, da diese Lektionen meist unangekündigt kommen und der »Point of No Return« sehr schnell überschritten ist und man dann nicht mehr klar denken und die Verantwortung für seine Gefühle übernehmen kann und möchte.

Es kann Sie allerdings nur wirklich jemand ernsthaft verletzen, wenn Sie ihn auf irgendeine Art lieben und doch schon sehr nah an sich herangelassen haben. Man könnte also jede Verletzung auch als ein Zeichen von Liebe verstehen. Das gilt für beide Seiten. Der, der verletzt, macht das ebenfalls aus Liebe. Er bekommt ja etwas nicht, weshalb er Stress hat und dann auch Stress macht. Wenn er den anderen nicht lieben würde, wäre es ihm auch nicht so wichtig. Der Angegriffene reagiert ebenfalls aus Liebe, denn es verletzt ihn, da er so »weggebissen« und auf Distanz gehalten wird.

Zusammenfassung:

Wollen Paare ihre wechselseitige Missbrauchssituation lösen, sollten sie sich am besten gegenseitig angreifen, um zu sehen und vor allem zu fühlen, was da ausgelöst wird.
Dann sollten sie sich am Anfang vielleicht erst einmal wenn möglich in ein eigenes Zimmer zurückziehen und einfach nur fühlen. Was auch immer auftaucht, es hat nicht wirklich mit dem Partner zu tun. Durch das Übernehmen und das Fühlen von Verantwortung geschieht bereits Heilung. Beide kümmern sich jetzt um ihre inneren verletzten Kinder und lassen diese schimpfen, schreien oder weinen. Dadurch kommen eingefrorene Gefühle ins Fließen und lösen alte Energieblockaden und Wunden. Nach einer gewissen Zeit können dann beide, sofern sie es wollen, darüber sprechen, was sie erlebt haben. Das Schönste wäre, wenn sich dadurch alle Beteiligten begegnen könnten. Damit meine ich, wenn sie sich gegenseitig ihre Gefühle auch noch zeigen könnten, nicht nur darüber reden. Dann wären auch die inneren Kinder anwesend und würden bedingungslos angenommen. Sie würden nicht mehr wegdiskutiert, auf den anderen projiziert oder unterdrückt. Eine sehr schöne Form von Heilung.

1.15 Worin besteht also ein Problem ?

Das Problem ist, dass irgendwann in der Vergangenheit etwas passiert ist, bei dem wir allein waren. Die Sicherheit unserer Eltern hat uns gefehlt und in eine vermeintlich lebensbedrohliche Situation gebracht. Wir hatten das Gefühl, allein und verlassen zu sein. Und da unser kleiner, hilfloser Organismus auf die Eltern angewiesen war, wurde dieses Angstgefühl als lebensbedrohlich eingestuft. Diese Angst wollten wir auf jeden Fall verhindern und lösen. Wie auch immer, Hauptsache wir überleben. Wir würden alles versuchen, um dieses Gefühl loszuwerden. Koste es, was es wolle.

Wenn schreien (Angriff) nichts hilft, dann eben Rückzug (Flucht). Wir müssen dann den Schmerz einfrieren, da wir sonst verrückt werden würden. Wir sind einfach ohnmächtig, also »ohne Macht«. Es ist eine normale Reaktion unseres Organismus, sich in ohnmächtigen Situationen zurückzuziehen und dadurch zu schützen.

In Filmen oder Theaterstücken kann man das sehr schön sehen. Wenn eine Frau von einem Mann verbal oder sonst wie verletzt wird und es ihr Anstandsgefühl übersteigt, fällt sie buchstäblich in Ohnmacht. Sie kann es einfach nicht fassen, dass so mit ihr umgegangen wird. Durch den Ohnmachtsanfall entzieht sie sich dem unglaublich heftigen Gefühl.

Weil das ein Kind oder auch ein Erwachsener nicht einfach so kann, nimmt ihm das der Organismus ab. Er friert das heftige Gefühl ein. Und dadurch wird es zu einem Trauma. Traumata sind eingefrorene Gefühle. Gefühle, die nie gelöst wurden.

Damit kann man sich zwar kurzfristig dem lebensbedrohlichen Gefühl entziehen, aber erst einmal hat man überlebt. Aus der Ohnmacht erwacht, lenkt man sich meist ab. Bei dem eingefrorenen Gefühl ist es das Gleiche. Es ist einfach erst mal weg.

Ich erkläre das immer so: Im Moment eines unaufhaltbaren Schmerzes friert der Organismus das Gefühl im Herz ein. Er errichtet sofort eine dicke Mauer mit einer Stahltüre um das Herz, in dem das Gefühl sitzt. Die positive Absicht hinter dieser Aktion, oder eher Reaktion, ist: Es darf nie mehr passieren, dass mich jemand so verletzt. Denn dieser Teil ist so verletzt, dass er denkt, so etwas nicht noch einmal überleben zu können. Das eingesperrte Gefühl ist im Moment des Einsperrens und Einfrierens das Gefühl des Individuums in diesem Alter des Einfrierens. Wenn also die Verletzung im Alter von zwei Jahren stattfand, ist das eingesperrte Gefühl auf dem Entwicklungsstand eines Zweijährigen. Es ist wichtig, dies zu verstehen. Denn im Erwachsenenalter reagieren wir immer wieder auf der Stufe des eingesperrten Kindes in diesem Alter.

Da es nicht reicht, einfach nur das Gefühl einzufrieren, sondern er auch vor weiteren Verletzungen geschützt sein will, wird der Organismus ein Programm starten. Er sagt: »Es darf nie wieder passieren, dass ich in eine so bedrohliche Situation komme ! Ich muss vor dieser Stahltüre sicherheitshalber Wächter aufstellen, die aufpassen, das mir niemand mehr zu nahe kommt !« Ich nenne sie Bodyguards, Leibwächter. Diese Leibwächter haben die positive Absicht, das verletzte Kind um jeden Preis zu schützen.

Sie werden dies allerdings nicht nur in der Kindheit tun, wo es noch Sinn macht. Nein, sie machen es bis zum heutigen Tag.

Sie tragen also Leibwächter in sich – und das vor Ihrem Herzen. Diese Leibwächter setzen alles daran, nichts und niemanden mehr an Ihr Herz zu lassen, sodass Sie verletzt werden könnten. Und das, obwohl Sie vielleicht niemand mehr verletzen möchte. Nur das wissen die Leibwächter nicht. Man nennt diese geprägten Verhaltensweisen in der Psychologie auch »Programme« oder »Muster«.

Es ist oft deutlich zu sehen, dass Menschen, die ein Kompliment bekommen, sofort ein Gegenkompliment machen. Und warum ? Weil sie es nicht aushalten, wenn ihnen jemand zu nahe kommt. Es fühlt sich für sie ganz komisch an, wenn man ein Lob bekommt. Also schnell eins zurückgeben, ob es nun wirklich zutrifft oder auch nicht. Hauptsache, ich bin dieses »schreckliche« Gefühl, dass ich womöglich doch ganz in Ordnung bin, wieder los.

Wie schon gesagt, Ihre Leibwächter nehmen ihren Job sehr ernst.

Macht Ihnen also jemand ein Kompliment, kommt er Ihnen gefährlich nahe. Das werden die Leibwächter sehr schnell abwehren. Sie haben ja den Auftrag, niemand mehr an das kleine, verletzte Kind heranzulassen. Denn es möchte ja sicherheitshalber niemandem mehr vertrauen, um nicht mehr verletzt zu werden, falls dieser es dann doch wieder im Stich lässt.

Selbst wenn Sie jetzt denken: Das ist bei mir nicht so. Ich habe doch einen tollen Partner oder Partnerin und kann auch Komplimente annehmen – es ist oft nicht immer gleich so eindeutig sichtbar.
Man kann es auch noch anders überprüfen, ob da Schutzprogramme laufen. Wie zum Beispiel mit diesen Fragen:

- Können Sie sich selbst Komplimente machen, also kennen Sie Ihren wahren Wert ?
- Geben Sie anderen einfach so ein Kompliment und machen Sie das aus Ihrem Herz heraus, also aus einem tiefen Gefühl von Liebe ?

Sie können es auch an Ihrer Außenwelt ablesen. Ein physikalisches Gesetz sagt: »Wie innen, so außen.«

Wenn Sie also wissen wollen, wie Sie mit sich umgehen und / oder ob da unbewusste Programme, Muster und Leibwächter sind, müssen Sie einfach etwas auf Ihre Umgebung achten.

- Wie gehen andere mit Ihnen um ? – Denn so lassen Sie mit sich umgehen.
- Passieren dauernd unvorhergesehene Dinge, wie Unfälle, ständige Geldsorgen, Ärger im Beruf, dass Sie sich des Öfteren stoßen, immer wiederkehrender Streit in der Beziehung oder vielleicht gar keine richtige Beziehung?

All das sind deutliche Zeichen, dass in Ihnen Programme ablaufen, an denen Sie erkennen können, wie Sie mit sich umgehen. Denn Ihre Leibwächter werden alles abwehren, was Ihnen ein schönes, zufriedenes und glückliches Leben bereiten könnte. Und das aus Liebe. So merkwürdig das jetzt auch klingen mag: Die Leibwächter machen es mit der positiven Absicht – wie damals in der Kindheit, als sie angeheuert wurden – Sie vor lebensbedrohlichen Gefühlen zu schützen. Und zu schöne Gefühle sind gefährlich. Diese lassen Sie leichtsinnig werden und eventuell doch noch anderen vertrauen.

Und wenn Sie das nicht heilen, werden diese Programme Ihr Leben lang weiterlaufen.

Es lebt also ein kleines verletztes Kind in Ihrem Herzen. Eingeschlossen hinter dicken Mauern mit einer Stahltür und davor stehen Leibwächter, die es schützen. Dieses Kind lebt immer noch auf der Stufe der Verletzung, also in der Zeit des Einfrierens. Es weiß deshalb auch nicht, dass die Zeit weiterlief und es erwachsen geworden ist und überlebt hat.

In einer sehr alten Tradition, dem Schamanismus, geht man davon aus, dass bei einer schweren Verletzung ein Teil der Kinderseele aus dem Körper austritt und, um zu überleben, in die »untere Welt« flüchtet. Dort ist sie in einer Höhle mit Tausenden anderer geflüchteter Kinderseelen in Sicherheit.

Der Schamane geht dann auf die Reise in diese untere Welt, um diesen Seelenanteil davon zu überzeugen, dass der andere zurückgelassene Teil überlebt hat, erwachsen geworden ist und nun den verlorenen Teil wieder zurückhaben möchte. Damit der Mensch sich wieder ganz und vollständig fühlen kann. Da er ohne ihn nur auf »Sparflamme« läuft.

Ich teile diese Idee und finde sie einleuchtend.

Ich erkläre es eben mit den eingefrorenen Gefühlen und der Mauer um das Herz. Es kommt aufs Gleiche heraus. Denn wenn Sie den eingefrorenen und verletzten Teil Ihres Selbst nicht wieder »auftauen« und in Besitz nehmen, laufen Sie ebenfalls auf »Sparflamme«. Es fehlt ein Teil von Ihnen.

Und genau diesen Teil versuchen Sie in Ihrem Partner oder der Partnerin zu finden. Und das ist unmöglich, denn dieser oder diese ist auch unvollständig und auf der Suche nach ihrem / seinem verlorenen Teil. Denken Sie an das Gesetz der Anziehung oder das Gesetz der Resonanz: Sie ziehen immer das an, was zu Ihnen passt. Sie ziehen außen das gleiche Problem an wie Sie im Inneren tragen. Ihr Gegenüber schwingt also mit der gleichen Verletzung. Gleiches zieht Gleiches an.

Wenn Sie also einen Partner oder eine Partnerin suchen, werden Sie bewusst versuchen einen liebevollen Partner zu finden. Wenn Sie nun jemanden treffen, der liebevoll ist oder zu sein scheint, haben Sie für einen Moment das Gefühl von »Ich bin wichtig und wertvoll« oder es fühlt sich eben einfach gut an. In diesem Moment fühlen Sie Ihre Verletzung nicht mehr, denn Ihr Gegenüber gibt Ihnen das Gefühl, nicht mehr allein zu sein. Das führt dann während der Phase des Verliebtseins zu dem Trugschluss: »Ich bin nicht mehr allein.« Denn das im Herzen eingeschlossene Gefühl ist nicht mehr fühlbar und wird überdeckt.

Die meisten Menschen fühlen sich in der Verliebtheitsphase sehr gut. Es ist ein Trugschluss, denn sie fühlen sich einfach nur nicht mehr schlecht.

Das Problem ist, dass der neue Partner oder die Partnerin ab jetzt für ihr Gefühl der Verletzung und Trennung zuständig ist. Und das unwissentlich. Und dadurch wird jede Beziehung unter solchen Bedingungen automatisch zum Missbrauch. Man missbraucht seinen Partner oder Partnerin dadurch, dass er oder sie ab jetzt dafür Sorge tragen soll, dass man selbst nicht mehr an das schreckliche Gefühl der Trennung und das von den Eltern ausgelöste Verlassenheitsgefühl in der Kindheit erinnert wird und es fühlen muss.

Wenn also einer der Partner plötzlich mal wieder etwas allein unternehmen möchte, kann es sein, dass der andere ein ungutes Gefühl oder gar Panik bekommt und fragt: »Was machst du ? Wann kommst du wieder ? Muss das denn unbedingt sein ?«

Es können plötzlich Eifersucht und Verlustängste auftreten. Es sind die Gefühle des kleinen Kindes aus der Vergangenheit, das sich an die lebensbedrohlichen Gefühle erinnert.

Die Erwachsenen wissen das natürlich nicht. Sie wollen einfach nur das Gefühl weghaben. Dadurch passiert meist genau das, was sie befürchten. Vor lauter Angst, verlassen zu werden, treiben sie ihren Partner in den Wahnsinn. Bis er sie dann tatsächlich auch verlässt. Und der Organismus mit noch härteren Programmen aufwarten muss. Also am besten: »Ich lasse das mit den Beziehungen.«

Es ist also nicht möglich, dass Ihr Partner oder Ihre Partnerin Ihnen Ihren Schmerz abnimmt. Dies können nur Sie schaffen.

Manche Menschen spüren ständige innere Unruhe und fühlen sich angetrieben, immer etwas tun zu müssen. Auch hier ist es der innere Teil, der sie antreibt. Der Teil, der eingeschlossen in ihren Herzen sitzt und Angst hat, doch noch entdeckt und umgebracht zu werden.

In dem Moment, als sich dieser Teil in Sicherheit gebracht hat, dachte und fühlte er, er sei eben nicht in Ordnung und liebenswert. Er wollte alles richtig machen, um geliebt zu werden. Er hat auch ein Programm kreiert, das hieß: »Ich muss brav sein, funktionieren und alles tun, damit man mich mag.« Damit hat er versucht, das schreckliche Gefühl (»Ich werde nicht geliebt und bin nicht gut genug«) loszuwerden. Zum Zeitpunkt des Einfrierens lief dieses Programm schon. Allerdings ohne großen Erfolg, sonst wäre dieser Teil nicht »geflohen«. Und er hätte sich nicht ins Herz hinter diese Mauern zurückgezogen.

Dieses Programm »Ich muss alles dafür tun, um geliebt zu werden« sorgt für die innere Unruhe. Denn dieser Teil versucht Tag und Nacht, alles zu geben, um geliebt zu werden und das Gefühl, nicht liebenswert zu sein, zu vermeiden.

Er treibt die Menschen ständig an. Kaum sitzt man mal, sieht man, dass da noch die Spülmaschine ausgeräumt werden muss oder dies oder jenes zu erledigen ist. Man findet einfach keine Ruhe, da einen diese innere Unruhe ständig antreibt.

Ich frage meine Klienten oft: »Was würde denn passieren, wenn Sie mal sitzen bleiben würden und diese Unruhe aushalten ?« Ich höre immer wieder das Gleiche: »Das kann ich nicht ! Ich kann doch nicht einfach dasitzen und mich ausruhen, wenn noch so viel zu tun ist !« Wenn ich dann frage: »Und wieso nicht, was würde denn passieren ?«, höre ich von Frauen oft: »Wenn mein Mann nach Hause kommen und sehen würde, dass ich einfach nur dasitze, wird er vielleicht denken, ich hätte nichts Besseres zu tun !«

Ich frage dann: »Was wäre daran so schlimm ?« Dann bekomme ich meist keine Antwort mehr. Und das, weil sie noch nie so weit gedacht hat und diese Frage deshalb für die Frau völlig unrealistisch ist. So etwas braucht sie gar nicht erst zu beantworten, geschweige denn darüber nachzudenken. So etwas wird sicher nie passieren.

Sie fühlt sich also angetrieben von der inneren Unruhe, dem Gefühl, das ihr vorgaukelt, dass wenn sie sich hinsetzt und etwas für sich tun würde, ihr Mann denken könnte, sie wäre nicht in Ordnung und liebenswert, sie also nicht mehr geliebt wird. Selbst wenn das so wäre, sollte es kein Problem sein, denn sie ist kein kleines Kind mehr und würde es überleben. Das weiß sie allerdings noch nicht. Denn diese innere Unruhe ist das Gefühl des kleinen verletzten Kindes, das in der Zeit eingefroren ist und nicht weiß, dass es überlebt hat und jetzt erwachsen ist.

Das Fatale an diesem Fluchtmechanismus ist, dass man nirgends hinfliehen kann, um diesem Gefühl der inneren Unruhe und des Schmerzes, nicht geliebt zu sein, zu entkommen.
Sie tragen es in sich. Weglaufen nützt nichts. Es läuft mit.

Der einzige Weg, es zu lösen und zu heilen ist der Weg zu sich und dem eigenen Herzen. Dort lebt das kleine, unschuldige und verletzte Kind, das Angst hat, noch einmal verletzt zu werden und es nicht mehr zu überleben. Dieses kleine Wesen wünscht sich nichts sehnlicher, als dass es nie passiert wäre, denn es fühlt sich unendlich einsam. Das ist, so glaubt es, der Preis fürs Überleben. Es ist so allerdings auch tot, abgeschnitten von sich und der Außenwelt. Von sich deshalb, weil es seine Gefühle auch nicht wirklich fühlen darf. Denn diese Einsamkeit ist auch kaum auszuhalten.

Es ist also wichtig, das innere Kind abzuholen und in die Freiheit zu entlassen. Dies ist allerdings leichter gesagt als getan. Dazu müssen Sie erst einmal an den Leibwächtern vorbeikommen.

In verschiedenen Therapien, beim positiven Denken oder beim Arzt, wird meist versucht, die Programme und Muster zu umgehen oder wegzutherapieren. Es wird also versucht, die Leibwächter loszuwerden. Das finde ich respektlos und wenig sinnvoll. Denn die Leibwächter haben das kleine Kind bisher beschützt und dafür gesorgt, dass es überlebt. Und dafür gehört ihnen ein Orden verliehen, anstatt sie zu eliminieren. Man sollte sie eher »ins Boot holen« und zu seinen Freunden machen. Denn schließlich haben sie ja auch den Schlüssel zur Tür des kleinen Kindes.

Diese Lebwächter sind schließlich auch Energien und ein Teil von Ihnen. Wenn Sie diese also umbringen, töten Sie einen Teil von sich.

Die Frage ist also: Wie komme ich an die Leibwächter heran und gewinne ihr Vertrauen, um dann zu meinem inneren und verletzten Kind vorgelassen zu werden?

Nur wenn Sie zu Ihrem inneren Kind Zugang finden, es abholen und diese eingefrorene Energie zurückbekommen, führen Sie ein unbeschwertes Leben, in dem Sie niemanden mehr für die Unterdrückung der Verletzung missbrauchen müssen. Auch werden Sie auch niemandem mehr beweisen müssen, dass Sie liebenswert sind. Denn das dient immer nur der Verhinderung des Gefühls: »Ich werde nicht geliebt«, was sich wie Sterbenmüssen anfühlt.

Jegliche Sucht hat damit zu tun, dass man auf der Suche nach sich ist. Da man das allerdings nicht weiß, sucht man außen. Egal ob Sie rauchen, trinken, harte Drogen nehmen, viel lesen, viel fernsehen, viel arbeiten, viel Sport treiben, Leistungssportler oder Manager sind. Was Sie wollen, ist Anerkennung, damit wenigstens für wenige Augenblicke das Gefühl, nicht wichtig zu sein, aufhört. Keine Droge der Welt kann das dauerhaft schaffen. Sie wollen ja das Gefühl weghaben, anstatt es anzunehmen. Drogen lenken nur von sich ab.

Ein oft tödlicher Irrtum und Fehler.

Zusammenfassung:

Das Problem ist, dass wir in der Kindheit irgendwann einmal allein gelassen wurden und keinen Schutz hatten und dieses Gefühl bis heute nicht losgeworden sind.

1.16 Wie löse ich mein Problem und erfahre Heilung ?

Wie geht so etwas ? Dies ist theoretisch recht einfach: Als Erstes müssen Sie anerkennen und verstehen, dass Sie selbst Erfahrungen der Art kennen, wie sie im letzten Kapitel »Worin besteht also ein Problem ?« beschrieben worden sind.

Denn ohne diese Einsicht und das Verständnis geht gar nichts. Einsicht und Verständnis ist die beste Voraussetzung zur Heilung.

Was heilt, ist Liebe und Respekt.

Sie müssen also dem Organismus klarmachen, dass die Kindheit vorbei ist, die Zeit weiterlief und Sie überlebt haben. Dass also die alten Programme, Muster und Glaubenssätze überholt sind.

So leicht es klingen mag – ganz so einfach ist es leider doch nicht. Die Muster aus der Vergangenheit finden im Heute noch ein starkes Echo. Und das deshalb, weil Sie Ihre Umgebung, Ihren Beruf, das Hobby und Ihren Partner oder Ihre Partnerin danach ausgewählt haben.

Wenn Sie glauben, dass Sie nichts wert sind oder gar dumm, dann werden Sie sicherlich nicht jemanden aussuchen, der das Gegenteil ist. Denn dann würde es ja noch mehr auffallen.

Man sucht immer jemand, der gleich ist. Das ist bekannter und sicherer. Wenn Sie sich jetzt anfangen zu verändern und Ihr Partner oder Ihre Partnerin ändert sich nicht auch, entsteht ein Gefälle. Der Partner wird versuchen, Sie zurückzuhalten, denn sonst fühlt er sich unterlegen. Er wird also unbewusst alles versuchen, um Sie an Ihrer Veränderung zu hindern.

Schließlich hat er Sie ja so auch nicht kennen gelernt. Wenn allerdings ein Paar gemeinsam eine Veränderung anstrebt und beide das gleiche Konzept lernen, dann macht die Veränderung richtig Spaß und geht schnell voran.

Das Problem, damit meine ich das ungute Gefühl im Problemzustand, lösen Sie durch Verständnis, Respekt und Annahme. Im Schmerzfall ist es das Beste, sozusagen die Arme für dieses Gefühl zu öffnen und es fühlen zu wollen. Denn wenn Sie es nicht fühlen, wer dann ! ? Nur Sie können Ihr Gefühl und dadurch Ihr inneres Kind fühlen und annehmen.

Wenn Sie das machen, wird Ihr Organismus im Augenblick des Schmerzes nicht mehr allein sein. Sie lenken sich nicht mehr mit Diskussionen, Flucht oder Drogen ab.

Ihr Organismus bekommt, vielleicht zum ersten Mal in Ihrem Leben, volle Aufmerksamkeit. Das wird ihm Sicherheit geben. Es wird für ihn zwar ungewohnt sein und er wird dadurch sicherlich auch etwas verunsichert. Wenn Sie das aber des Öfteren machen, bekommt Ihr Organismus, also das innere, verletzte Kind, Sicherheit. Es fühlt sich nicht mehr allein und unbeobachtet.

Um das zu verstehen, müssen Sie wissen, dass Ihre Gefühle immer aus der Vergangenheit kommen. Es kann Sie niemand verletzen. Es ist immer Ihre Vergangenheit, die verletzt. Das, was Sie in Ihrem Unterbewusstsein abgespeichert haben, verletzt Sie. Deshalb ist es auch sinnlos, mit jemandem, der Sie angeblich mit Worten oder Taten (damit meine ich natürlich keinerlei körperlichen Angriff) verletzt hat, zu diskutieren. Er ist nicht dafür verantwortlich. Er drückt nur auf einen Knopf, den Sie in sich tragen. Eine Diskussion lenkt nur vom Gefühl ab. Und vor allem ist Ihr schmerzliches Gefühl Ihr inneres Kind. Und das benötigt gerade jetzt Ihre volle Aufmerksamkeit. Und keine Ablenkung durch Diskussionen, die im Außen stattfinden.

Stellen Sie sich einmal vor, Sie haben ein kleines Kind, das schreit. Und Sie diskutieren mit irgendjemandem über das Kind und ob es jetzt wohl Sinn macht, dass es schreit. Sie können das Schreien nicht wegdiskutieren. Was das Kind braucht, ist Kontakt und liebevolle Fürsorge.

Also lassen Sie Ihr inneres Kind nicht durch sinnlose Diskussionen im Stich. Sonst sind Sie kein bisschen besser als damals Ihre Eltern. Sie re-traumatisieren dann jedes Mal Ihr inneres Kind von Neuem.

Wenn Sie allerdings im Schmerzfall (also wenn Sie jemand

vermeintlich verletzt hat) anstatt zu diskutieren sich ablenken oder davonlaufen, d. h. Ihre Aufmerksamkeit auf den Schmerz richten, sind Sie direkt bei Ihrem inneren Kind.

Dort, wo der Schmerz, das ungute Gefühl in Ihrem Körper zu fühlen ist, sitzt Ihr inneres Kind. Legen Sie Ihre Hand auf diese Stelle und sagen Sie Ja zu dem Gefühl, dem inneren verletzten Gefühl. Das Gefühl ist immer das innere verletzte Kind aus der Vergangenheit. Ihr Kopf, wenn er noch klar denken kann und nicht diskutiert, das sind Sie in der Gegenwart.

Ihr Bewusstsein aus der Gegenwart öffnet die Arme und begegnet dem Kind aus der Vergangenheit. Endlich ist einmal jemand für das verletzte Kind da und möchte es haben. Es wird am Anfang sehr misstrauisch sein und Angst haben, dass Sie nicht wiederkommen. Es wird Ihnen also aus Sicherheitsgründen nicht so schnell vertrauen. Suchen Sie es aber des Öfteren auf, indem Sie Ihre Gefühle ernst und die Verantwortung für sie übernehmen, wird Ihr inneres Kind immer mehr Vertrauen entwickeln und sicherer werden.

Ihr Organismus wird dann von Mal zu Mal ruhiger.

Er ist jetzt nicht mehr allein und unbeobachtet. Das gibt ihm Sicherheit und das Gefühl, wichtig zu sein. Umso weniger braucht er die Anerkennung im Außen. Ängste verschwinden, Profilneurosen hören auf und der Missbrauch gegenüber dem Partner verschwindet.

Wenn Paare sich streiten, drücken sie gegenseitig ihre Knöpfe und leiden darunter. Wenn sie es fertigbringen, sich in diesen Situationen an dieses Konzept zu erinnern, sollten sie sofort den Streit unterbrechen und jeder für sich seine Gefühle fühlen. Am besten in getrennten Räumen, dann werden sie nicht durch irgendwelche Energien abgelenkt. In ihrem jeweiligen Raum sollten sie am besten ihre Augen schließen und ihr Gefühl fühlen. Was auch immer der andere gesagt oder getan hat, löst erst einmal Gedanken von Wut, Ärger, Unverständnis, Trauer oder was auch immer aus. Die Gedanken versuchen allerdings immer herauszufinden, wer Schuld am Schmerz hat. Jetzt

sollten die Gedanken sagen: Klappe halten, Augen schließen, Verantwortung übernehmen und fühlen.
Den nur so kann man aus dem Teufelskreis ausbrechen.
Er wird sonst zu einer Endlosschleife, die nach unten verläuft.

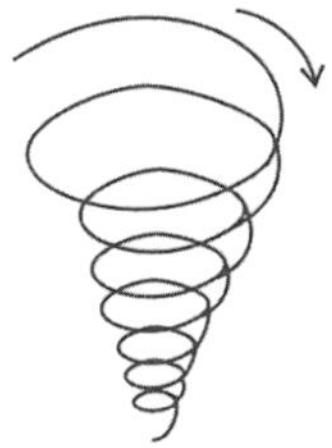

Abbildung 4: Immer wiederkehrende destruktive Gedanken

werden Sie nach unten ziehen.

Normalerweise sagen die Gedanken, dass der andere schuld sei: Was fällt dem überhaupt ein, mich so blöd anzumachen. Was auch immer der andere gesagt hat, ist nicht wichtig. Wichtig ist, was man dabei fühlt. Wenn jemand zum Beispiel sagt: »Du bist blöd oder unfähig !«, muss man es ja nicht annehmen. Es sei denn, man glaubt, dass es stimmt. Getroffene Hunde bellen ...

Wenn ich jetzt nicht mehr auf den anderen zeige, sondern auf mich, dann übernehme ich die Verantwortung für das, was bei mir ankam. Und dafür kann der andere ja nichts (man hätte ja nicht darauf reagieren müssen. Dann stünde der andere schön blöd da).

Also, wenn jeder in sein eigenes Zimmer geht und erst einmal fühlt, findet Heilung statt. Danach kann man sich ja wieder treffen und austauschen, um herauszufinden, was denn genau den Knopf gedrückt hat. Dies sollte natürlich nicht wieder zu Streitereien führen. Wenn doch, dann ab ins Zimmer und fühlen.

Wenn man das einmal verstanden hat, weiß man auch, dass unser angeblicher Angreifer, der uns »verletzt« hat, gar kein Täter ist und wir kein Opfer, sondern er ist eigentlich ein Lehrer und wir die Schüler.

Schüler, die ihren Körper lehren, dass er wertvoll ist und dass wir ihn als wertvoll und liebevoll mit vollem Respekt behandeln sollen. Und normalerweise beschimpft man seinen Lehrer nicht oder streitet gar mit ihm. Ein Dankeschön für die Lektionen wäre eher angebracht. Sicherlich ist das erst einmal nicht einfach.

Wenn Sie die Lektionen annehmen und dadurch Heilung erlangen, braucht sich Ihr Körper nicht mehr durch Symptome darum zu kümmern. Denn glauben Sie mir: Wenn Sie das nicht ernst nehmen – Ihr Körper tut es. Und den interessiert es nicht, ob Sie daran glauben oder nicht. Er wird es Ihnen schmerzlich klarmachen.
Agieren Sie also rechtzeitig, bevor Sie reagieren müssen. Denn dann ist immer wichtige und wertvolle Zeit vergangen.

Falls die Gefühle sehr stark und kaum aushaltbar sind, geht es nicht ohne Therapeutin oder Therapeuten.

Zusammenfassung:

Was also heilt, ist Verständnis gegenüber Ihrem Schmerzkomplex und bedingungslose Annahme Ihrer Gefühle. Je mehr Sie sich ernst und annehmen, umso heiler fühlt sich Ihr Organismus. Damit hören auch die negativen Gedanken auf. Negative Gedanken zeugen von einer unbewussten negativen Haltung. Bringen Sie Ihre unbewussten Ängste und Glaubenssätze ins Bewusstsein und nehmen Sie diese respektvoll und liebevoll an, dann wird sich auch Ihr Organismus positiv fühlen. Positive Gedanken und Glaubenssätze werden daraus resultieren. Wo positive Glaubenssätze nicht nur gedacht, sondern auch gefühlt werden, haben es negative Glaubenssätze sehr schwer.

1.17 Einige Erfahrungsberichte meiner Klienten

Zu mir kommen Menschen mit den unterschiedlichsten Problemen, seien das Konzentrationsstörungen, Lernblockaden, Prüfungsängste, Ängste jeglicher Art, z. B. Verlustängste, Existenzängste bis hin zu schweren Schockzuständen, Panikattacken und Traumata, Krebs, multiple Sklerose, unterschiedlichste Hautkrankheiten, Partner- und Beziehungsprobleme, sämtliche psychosomatischen Leiden, sämtliche psychischen Leiden, z. B. Depressionen, Neurosen und Burnout-Zustände u. v. m.

Ich glaube, ich habe in den letzten fünfzehn Jahren noch keinen Fall gehabt, in dem ich nicht habe helfen können. Denn das Erste, was ich meinen Klienten sage, ist, dass ich ihnen nicht helfen kann.

Damit meine ich natürlich keine für den Moment notwendige ärztliche, klinische oder psychologische Behandlung, denn manchmal geht es in akuten Situationen nicht ohne sofortige Hilfe. Auch Menschen mit Suizidgedanken müssen natürlich zu speziell dafür ausgebildeten Therapeuten. Zu mir kommen auch keine akut gefährdeten Menschen. Und vor allem schicke ich Patienten bei ungeklärten und diffusen Symptomen erst einmal zum Arzt.

Die Menschen, die zu mir kommen, haben meist schon vieles hinter sich. Sie beschreiben ihre Erfahrungen als eine jahrelange Odyssee mit teilweise sinnlosen Therapien. So kommen manche Menschen auch erst nach über zehn Jahren Psychotherapie zu mir.

Oft sagen sie, dass ich ihre letzte Hoffnung sei. Was auch immer sie erlebt haben oder sagen, meine erste Aussage ist immer die gleiche: »Ich kann Ihnen nicht helfen Ihr Problem loszuwerden ! Niemand kann das. Es sollte Ihnen auch niemand helfen Ihr Problem ›loszuwerden‹. Der richtige Ansatz ist, das Problem als Pro-blem und nicht als Contra-blem zu sehen. ›Pro‹ heißt für Sie und nicht gegen Sie. Das Problem oder Symptom, wie es oft genannt wird, ist ausschließlich positiv. Es ist wie jedes Signal ein Zeichen, dass etwas zu erkennen und verändern ist. Wie kann man so etwas einfach, ohne zu verstehen, was es bedeutet, ›wegmachen‹ wollen. Das ist eine äußerst riskante und eventuell lebensbedrohliche Leichtsinnigkeit.«

Ich sage weiter: »Ich kann Ihnen aber verraten, wer Ihnen helfen kann, das sogenannte Problem zu lösen. Wollen Sie das denn wirklich wissen ?« Ich kann mir vorstellen, dass die meisten dann denken: »Wo bin ich denn hier gelandet ? Jetzt sagt er auch noch, er kann mir nicht helfen. Was glaubt er eigentlich, weshalb ich hier bin. Und jetzt fragt er auch noch, ob ich die Adresse von dem haben möchte, der mir helfen kann. Das darf doch wohl alles nicht wahr sein.«

Nach diesem Gedankengang und einer Schrecksekunde sagen dann alle immer: »Ja, das möchte ich wissen.«

Ich mache ihnen dann oft noch mal klar, dass ich ihnen nicht helfen kann: »Denn es gibt auf diesem Planeten nur einen oder eine, die Ihnen helfen kann – und das sind SIE. Denn nur SIE können sehen, hören und fühlen, was in Ihnen abläuft.

Und ich kann Ihnen helfen, dass Sie lernen sich selbst zu helfen.«

Oft sehe ich dann eine Erleichterung in den Augen der Menschen. Wahrscheinlich, weil sie denken: »Gott sei Dank, ich bin doch nicht umsonst hier.« Manche sind auch erst einmal etwas enttäuscht, dass es niemanden gibt, der ihnen ihr Problem einfach wegmacht.

Da ich aber mit allen Menschen, die meine Hilfe in Anspruch nehmen wollen, erst einmal telefoniere, damit sie eben nicht mit diesen unrealistischen Vorstellungen zu mir kommen, wissen sie das, da ich es Ihnen bereits am Telefon erzählt habe. All ihre Gedanken dazu habe ich natürlich auch schon direkt von meinen Klienten verbal mitgeteilt bekommen.

Nachdem dann geklärt worden ist, wer eigentlich wen heilt, beginne ich, nachdem die Klienten ihr Problem geschildert haben, mit der Aufklärung, was bisher wirklich und auch warum so ablief bzw. noch abläuft und auch nie hätte anders ablaufen können. Und weshalb auch die bisherigen Therapien nur teilweise oder oft auch gar nicht funktionieren konnten.

Denn diese Menschen haben meist alle eines gemeinsam: Sie wollen das Problem / das Symptom beseitigen. Und das, ohne es verstanden zu haben.

Was die meisten Klienten nach oder auch schon während der Behandlung sagen, ist, dass ihnen am meisten geholfen hat, dass ihnen endlich einmal jemand wirklich, aufrichtig und interessiert zugehört und dann auch noch erklärt hat, um was es »wirklich« geht. Und dass jemand ihnen die Verantwortung überträgt, sie also Handlungskompetenz bekommen. In der Schulmedizin kommen sie sich meist hilflos und ausgeliefert vor. Oft werden sie dort mit Verlegenheitsdiagnosen allein gelassen. Oder, wie ich oft höre, als dumm verkauft.

Um was es »wirklich« geht, erkläre ich nicht nur, sondern ich zeige es meinen Klienten. Denn nur diese können anhand der Resonanz der Symptome erkennen, ob diese auch wirklich mit der Ursache in Verbindung stehen.

Es gibt hier viele verschiedene Möglichkeiten, dem Klienten zu helfen seine Wahrheit herauszufinden. Dabei gilt es je nach Schwere der Krankheit ganz unterschiedlich vorzugehen. Wichtig ist, dass es liebevoll und respektvoll geschieht. Denn das ist es, woran es in der Vergangenheit oft gefehlt hat. Nicht allein das Verfahren heilt, sondern der liebevolle und respektvolle Rahmen, in dem eine Therapie oder Beratung stattfindet. Die Klienten bekommen auch von Anfang an Übungen mit, die ihnen helfen sollen, ihr Leben zu verstehen und zu verändern.

Ich höre immer wieder, dass das Leben meiner Klienten nach der Behandlung selbstbewusster und mit mehr Selbstwert abläuft. Sie sich freier und leichter fühlen und dass sich ihre Beziehungen und auch ihr Beruf absolut positiv verändert haben.

Und was ganz wichtig ist: Sie haben keine Angst mehr vor irgendwelchen Symptomen und Krankheiten, denn sie haben verstanden, dass man viel übersehen, überhören und vor allem überfühlen muss, um irgendwelche größeren Symptome zu bekommen.

Sie haben gelernt, wie es zu ihrer Krankheit kam und so die Verantwortung und Kompetenz zur Selbstheilung vermittelt bekommen. Ihr Symptom wurde ihnen nicht einfach »nur« weggemacht oder rausgeschnitten.

Sie lernen auch, wie sie mit neuen, noch unbekannten Symptomen umgehen können. Auch hier wieder, das ist ganz klar, sollte je nach Symptom eventuell erst einmal ein Arzt aufgesucht werden.

Ich empfehle meinen Klienten, je nach Interesse und Wissensstand, einige Bücher zum Selbststudium.

In Bezug auf Krankheit und Symptome empfehle ich Rüdiger Dahlke z. B. »Krankheit als Symbol«, »Krankheit als Weg« und Kurt Tepperwein, »Was dir deine Krankheit sagen will«, »Die Botschaft deines Körpers« u.v.m. Es gibt noch jede Menge weitere gute Literatur zu diesem Thema.

Um Missverstände auszuräumen oder erst gar nicht aufkommen zu lassen, möchte ich in Bezug auf die Schulmedizin klarstellen, dass ich nicht der Meinung bin, dass diese nicht helfen kann. Ich denke nur, dass die Mediziner falsch ausgebildet werden und deshalb auch nicht anders können. Sie werden nach einem alten Modell ausgebildet, in dem der Mensch eher als Maschine gesehen wird und in dem die Seele nicht mitberücksichtigt wird. Es wird also von einem unbeseelten Menschen ausgegangen – und als solcher wird er oft auch von Medizinern behandelt.

Ich kann es oft kaum glauben, was mir die Klienten erzählen.

Es gibt natürlich und Gott sei dank auch andere Ärzte. Ich kenne sehr viele sehr gute und verantwortungsbewusste Mediziner, die zu meinen Ausbildungen und Fortbildungen kommen. Von diesen höre ich in der Regel das Gleiche über ihre Kollegen. Sie kommen zu meinen Ausbildungen, weil sie gemerkt haben, dass sie ihren Patienten meist nicht wirklich und auch nicht dauerhaft helfen können.

Ich selbst habe durch meine Heilpraktikerausbildung auch medizinische Kenntnisse und kann es verstehen, wie viel Spaß es machen kann, Symptome differenzialdiagnostisch abzuklären. Nur, wie schon erwähnt, es bleibt eine symptomorientierte Differenzialdiagnose und Behandlung.

Ich fände es schön, wenn die Medizin, die Psychologie und andere Heilmethoden enger zusammenarbeiten würden. Alle könnten voneinander lernen, denn jeder ist wichtig und braucht den anderen.

1.18 Wie finden Sie den richtigen Therapeuten ?

Ich höre immer wieder, dass mache Menschen gerne etwas bei sich ändern würden, aber nicht wissen wie, wo und von wem sie sich dabei beraten lassen sollen. Sie hören oft von Freunden und Bekannten, dass diese schon seit Jahren in Therapie sind, es sich bei ihnen aber nicht viel verändert hat.

Wenn sie dann im Internet recherchieren, werden sie von unendlich vielen Angeboten »erschlagen«. Man hört ja auch oft von selbst ernannten Heilern und Scharlatanen, die sicherlich mehr kaputt machen, als heilen.

Wenn Sie das Buch gelesen und verstanden haben, wissen Sie, was wirklich heilt. Es ist Verständnis, Liebe und Respekt.

Worauf Sie achten sollten, wenn Sie Hilfe suchen, ist, dass ein Therapeut oder eine Therapeutin einfühlsam ist und sich ganz dem Patienten zuwendet.

Oft ist es so, dass der Arzt oder der Therapeut sein Konzept hat und dieses in jedem Fall verfolgt. Er interessiert sich nicht wirklich für den Menschen, sondern nur für dessen Symptome.
So wird der Patient dann auch behandelt: wie ein Symptom.

Was wirklich heilt. ist in erster Linie, dass der Therapeut den Patienten in seiner Welt »abholt«, indem er ihm das Gefühl gibt, dass es im Augenblick nichts Wichtigeres als den Menschen hinter dem Symptom gibt.

Außerdem sollte der Therapeut – und damit meine ich jede Art von Therapeuten, auch Ärzte – in der Lage sein zuzuhören. Und das richtig. Mit richtigem Zuhören meine ich, der Therapeut sollte auch die Symptomsprache verstehen. Denn jeder Patient spricht nicht nur über seine Symptome, sondern gibt mit seinen Schilderungen einem geschulten Zuhörer auch einen kompletten und individuellen Behandlungsplan.

Das macht er, indem er auf einer metaphorischen Ebene von seinen Lösungen spricht. Damit ist gemeint: Wenn der Therapeut die

Botschaften, die in diesen Bildern zum Ausdruck kommen, interpretieren kann, hat er den persönlichen Behandlungsplan des Patienten.

Als Nächstes sollten Sie darauf achten, dass Sie das Gefühl haben, dass der Therapeut Ihnen auch erklärt, um was für ein Problem es sich seiner Meinung nach handelt, und er es Ihnen so erklärt, dass Sie es in Ihrer Welt auch verstehen können.

Denn oft erklären die Therapeuten ihren Patienten gar nichts oder nur das Nötigste. Vielleicht weil sie den vorliegenden Fall selbst noch nicht verstehen oder weil sie denken, der Patient versteht es sowieso nicht. Vielleicht auch, weil der Patient Desinteresse signalisiert oder gar auch noch sagt, dass es ihn nicht interessiert.

Auch wenn es einen Patienten nicht interessieren sollte, würde ich es ihm auf jeden Fall erklären. Denn der Patient macht die Arbeit und nicht der Therapeut. Und das immer. Denn was auch der Therapeut sagt oder macht: Zulassen und machen muss es letztendlich der Patient.

Patienten, die bei mir anrufen und sagen: »Hypnotisieren Sie mich mal, ich hab da was, was weg muss. Was dahintersteckt, interessiert mich nicht, Hauptsache, es ist nachher weg !«, lehne ich ab. Denn diese wollen nur die Verantwortung abgeben. Und ein Therapeut kann diese niemals übernehmen. Und selbst wenn, es würde nichts bringen. Denn dadurch hätte der Organismus des Patienten nichts gelernt. Sie gehen ja auch nicht zum Arzt und sagen: »Oh je, die Tabletten schmecken aber komisch, können Sie diese bitte für mich nehmen !«

Der Therapeut sollte seinem Patienten erklären, um was es geht, also wieso es überhaupt zu dem Symptom kam, was der Patient aus Unwissenheit im Lauf der Jahre übersehen hat und was zu tun ist, um dies zu heilen.

Versteht dies der Patient, kann er auch besser mitarbeiten und vor allem weiß er auch, was er, wenn er geheilt ist, wieder alles übersehen oder besser gesagt überfühlen müsste, um diese Symptome und Krankheit erneut zu bekommen.

Ein guter Therapeut gibt Ihnen auch leichte und machbare Übungen mit, die Ihnen helfen sollen, aktiv bei der Heilung mitzuarbeiten.

Es gibt Ihnen die nötige Handlungskompetenz zurück.

Und vor allem kommen Sie durch dieses Vorgehen sofort aus der Opferrolle raus. Denn jemand, der versteht, um was es geht, und dann auch noch aktiv mitarbeitet, ist in diesem Moment kein Opfer mehr.

Sollten die bisherigen Punkte so umgesetzt werden können, ist es wichtig, dass Sie darauf achten, auch in der Therapie an den Kern Ihres Problems geführt zu werden. Selbstverständlich langsam und einfühlsam.

Und wie Sie ja sicherlich schon gelesen haben, ist dies immer ein Moment, in dem Sie sich, wahrscheinlich als Kind, allein und verlassen fühlten.

Am Ort des Geschehens angekommen, sollte Ihnen Ihr Therapeut helfen, Kontakt mit Ihrem jüngeren und verletzen Ich aufzunehmen, damit die Trennung und Leere in Ihnen aufgehoben wird. Wie das genau funktioniert, habe ich ja bereits in den vorausgegangenen Kapiteln erklärt.

Dieses wichtige Konzept sollte der Therapeut verstanden haben, denn sonst geht es Ihnen wie vielen Patienten, die etliche Jahre, manchmal sogar jahrzehntelange Therapien machen, in denen so gut wie nichts passiert.

Haben Sie auf diese Punkte geachtet, sind Sie auf dem richtigen Weg. Versuchen Sie, wenn möglich, auf Ihr Herz zu hören. Also achten Sie auf Ihr Gefühl beim Aussuchen der Therapie, aber auch während deren Durchführung. Wenn Sie sich nicht verstanden fühlen, sprechen Sie mit Ihrem Therapeuten darüber. Wenn der Sie ernst nimmt, hört er Ihnen nicht nur zu, sondern geht auch auf Sie ein. Sollten Sie sich das nicht trauen oder sollte der Therapeut nicht auf Sie eingehen, wäre es sicherlich sinnvoll, die Therapie, wenn möglich, zu beenden. Denn eine Fortsetzung würde Ihnen dann nur schaden und Sie noch mehr in Ihre Opferrolle bringen.

Mit der Einschränkung »wenn möglich« meine ich, dass es Situationen geben kann, die lebensbedrohlich sind und auf keinen Fall einfach so abgebrochen werden dürfen. Zum Beispiel können suizidgefährdete Menschen, die auf Medikamente angewiesen sind, nicht einfach so die Therapie abbrechen.

An Abbruch sollte nur im äußersten Fall gedacht werden.
Wenn Sie bereits eine Therapie machen und nicht zufrieden sind, sollten Sie immer zuerst mit Ihrem Therapeuten darüber sprechen.

Wenn es allerdings keinen Sinn mehr hat, wäre es sicherlich sinnvoller, zuerst einen anderen geeigneten Therapeuten zu finden, um nahtlos weiterarbeiten zu können.

Zusammenfassung: Wie finde ich den richtigen Therapeuten?

- Der Therapeut sollte einfühlsam sein und zuhören können. Sie müssen das Gefühl bekommen, dass Sie wichtig sind und ernst genommen werden.

- Der Therapeut sollte in der Lage sein, Ihnen genau erklären zu können, um was es bei Ihnen geht. Also was Sie bisher aus Unwissenheit übersehen und überfühlt haben, was Sie lernen müssen, um es zu heilen und es in der Zukunft nicht mehr neu zu erschaffen.

- Der Therapeut sollte so bald als möglich auf den Punkt kommen. Und das ist der Punkt in der Vergangenheit, als das Problem entstand. Dort sollte er dann sehr einfühlsam die Trennung zwischen Kopf und Bauch / Herz auflösen, zwischen Denken und Fühlen.
  Je nach Therapieverständnis des Therapeuten gibt es hier verschiedene Ansätze. Wichtig ist, dass der Therapeut nicht nur erklärt und analysiert, sondern Sie langsam und sehr einfühlsam in die Vergangenheit führt zum Ort des Geschehens.

Hierfür gibt es verschiedene Methoden wie z. B. die Hypnotherapie, die Arbeit mit dem inneren Kind, pränatalePsychotherapie, Schamanismus, Holotropes Atmen, Rebirthing u. v. m.

Wenn Sie das Kapitel 3: »Die MB-Methode« gelesen haben, wird es Ihnen noch leichter fallen, einen geeigneten Therapeuten zu finden.

Sollten Sie sich mal gar nicht sicher sein, dürfen Sie gerne bei uns anrufen und nachfragen. Vielleicht kann ich Ihnen dann am Telefon ein paar Ratschläge geben.

Selbstverständlich dürfen Sie auch zu mir kommen. Egal, ob als Klient oder als Schüler.

Informationen bekommen Sie auf unserer Website:
www.michael-begelspacher.de
oder per Telefon: 0049-761-7070280

Teil 2:
Praxisteil mit Übungen

2.1 Eigenwahrnehmung schulen

Übung 1: Allgemeine Beobachtung
Die Eigenwahrnehmung schulen Sie am besten, indem Sie sich erst einmal einen ruhigen Platz suchen, wo Sie für eine kurze Zeit nicht abgelenkt werden. Am besten, Sie richten sich ein gemütliches Plätzchen her, wohin Sie sich in der nächsten Zeit öfter zurückziehen können. Dort setzen oder legen Sie sich zunächst mal hin und schließen Ihre Augen. Was auch immer Sie jetzt wahrnehmen, hat mit Ihnen zu tun. Es ist egal, was Sie wahrnehmen. Es kann sein, dass Sie nervös werden oder unruhig. Vielleicht gehen Ihnen auch viele Bilder oder Gedanken durch den Kopf. Völlig egal, was Sie wahrnehmen. Es geht ja um Ihre Eigenwahrnehmung. Was auch immer Sie wahrnehmen, hat mit Ihnen zu tun. Lassen Sie, wenn möglich, alles zu. Beobachten Sie einfach nur. Wenn Sie das noch nie gemacht haben, kann es ungewohnt sein, sich so mit sich und seinem Organismus und den unbewussten Anteilen auseinanderzusetzen.

Sollte es Ihnen Angst machen, denken Sie daran: Was auch immer Sie wahrnehmen, hat nur mit Ihnen zu tun. Und vor sich brauchen Sie keine Angst zu haben. Oder etwa doch ? Na ja, mit ein bisschen Übung werden Sie sich schon besser kennen und verstehen lernen. Sie werden entdecken, dass immer wieder die gleichen Dinge ablaufen.

Haben Sie das eine gewisse Zeit gemacht und gemeistert, kommt die nächste Stufe. Sie fragen, wann Sie es gemeistert haben ? Eine gute Frage. Die Antwort ist: Wenn Sie keine Angst mehr vor sich haben und Ihren Organismus besser verstehen. Wenn Sie wissen, wie er reagiert und sich anfühlt. Und wenn Sie die vielen Gedanken nicht mehr so ernst nehmen.

Zusammenfassung der Übung 1:

► Einen ruhigen Platz suchen und die Augen schließen. In sich hineinschauen, hören und fühlen. Wenn möglich, alles zulassen und nur beobachten.

Am Anfang genügen schon 5 Minuten. Natürlich dürfen Sie auch länger. Mit zunehmender Sicherheit können Sie auf maximal 30 Minuten erhöhen. Wenn Sie Lust haben, können Sie danach auch Notizen über Ihre Beobachtungen machen.

- Was haben Sie denn alles beobachtet ?
- Fällt Ihnen etwas auf ?

Übung 2: Die Gedanken beobachten

Während der ersten Übung haben Sie sicher festgestellt, dass Ihre Gedanken und Gefühle Sie in ihren Bann ziehen und ablenken.

► Jetzt geht es darum, die Aufmerksamkeit nur auf Ihre Gedanken zu richten.

► Finden Sie heraus, was Ihre Gedanken gemeinsam haben. Vielleicht stellen Sie fest, dass es immer wieder um das Gleiche geht.

► Schreiben Sie sich die Gedanken oder allgemeiner die Themen auf.

► Dann versuchen Sie, die Gedanken zu kontrollieren, indem Sie sich entweder mit geschlossenen Augen auf einen Punkt in Ihrem Körper fokussieren oder mit offenen Augen auf einen Punkt an der Wand oder auf eine Kerze schauen. Sie werden feststellen, dass Sie das kaum wenige Sekunden lang aushalten.

Das ist allerdings normal und bedarf der Übung.

- Was haben Sie beobachtet ?
- Ist es Ihnen überhaupt gelungen ?

Sie werden auch hier feststellen, dass Sie kaum die Kontrolle haben.

Wenn wir nun Übung 1 und 2 analysieren, werden Sie feststellen, dass Sie beide Male wohl kaum die Kontrolle hatten. Aber wer hat dann die Kontrolle ? Das ist Ihr Unterbewusstsein. Es hat in der Vergangenheit aus Sicherheitsgründen die Kontrolle übernommen. Jetzt ist es an der Zeit, dass Sie die Kontrolle wenigstens teilweise zurückgewinnen.

Ganz übernehmen sollten Sie die Kontrolle auf keinen Fall. Ihr Unterbewusstsein kontrolliert auch Ihre Vitalfunktionen, also Ihre Atmung, die Körpertemperatur, den Stoffwechsel usw. gespeichert, die noch laufen und die Kontrolle haben.

Übung 3: Den Körper beobachten

In dieser Übung geht es darum, die Gedanken einfach mal unbeobachtet zu lassen und sich nur auf den Körper zu konzentrieren.

► Gehen Sie wieder an Ihren Übungsplatz und in die gewohnte Haltung.

► Beobachten Sie jetzt nur Ihren Körper. Was nehmen Sie wahr ? Lassen Sie sich nicht von Ihren Gedanken ablenken.

Fokussieren Sie sich immer wieder auf Ihren Körper. Was können Sie wo wahrnehmen ? Es sind Gefühle, die Sie wahrnehmen. Aber welche ? Und was lösen diese aus ? Bleiben Sie dran. Es ist eine lebenswichtige Aufgabe !

► Schreiben Sie auf, was Sie wahrgenommen haben.

Zusammenfassung der Übung 3:

► Konzentrieren Sie sich auf Ihren Körper und die Gefühle.

► Lassen Sie sich nicht von Ihren Gedanken ablenken.

► Schreiben Sie das Erlebte auf.

Nun: Was haben Sie erlebt und was können Sie daraus lernen? Vermutlich standen Ihnen anfänglich Ihre Gedanken im Weg. Das ist völlig normal. Diese kommen von Ihrem Ego, einem Teil in Ihrem Unterbewusstsein, der sich nur durch Gedanken und ihr Horrorszenario ernährt und am Leben hält. Dieser Teil möchte Ihnen weismachen, dass er ganz wichtig sei und dass da draußen, außerhalb Ihres Körpers, der Krieg tobe. Dieser Teil sieht überall nur Fallen. Aber auch er hat eine positive Absicht, denn er möchte Sie vor erneuten Verletzungen schützen. Dieses Ego entstand in Ihrer Kindheit und lernte Verletzungen zu überleben und umgehen.

Das Kind kommt schon Ego-zentriert auf die Welt, denn es ist überlebenswichtig, dass es sofort durch Schreien auf sich aufmerksam macht, wenn es etwas haben möchte. Kommt dann aber niemand, tut ihm das weh und dies muss irgendwie verhindert werden. Bekommt ein Kind allerdings zu viel an Aufmerksamkeit, gewöhnt es sich daran und möchte diese auch dauernd haben. Später wird das pathologisch und solche Menschen werden als Egozentriker bezeichnet.

Nun zu Ihren Gefühlen:

- Was konnten Sie denn überhaupt fühlen ?
- Was haben diese Gefühle dann wieder für Gedanken ausgelöst ?
- Konnten Sie die Gefühle überhaupt aushalten ?
- Kamen Ihnen diese Gefühle irgendwie bekannt vor ?
- Wenn ja, an was haben diese Sie erinnert ?

Eine ganze Menge Fragen. Können Sie auch nur eine dieser Fragen beantworten, hat die Übung super funktioniert. Mit ein wenig Übung, so werden Sie feststellen, funktioniert es noch besser.

Der Sinn der Übung ist, dass Sie sich ohne große Ablenkung von außen (Geräusche) und innen (Gedanken) auf Ihren Körper und Ihre Gefühle zu konzentrieren lernen. Denn nur so können Sie auf Dauer gesund alt werden. Ihre Gedanken und Gefühle, wenn diese richtig verstanden werden, sind ein gutes Frühwarnsystem, um vor allem vor Krankheiten, Unfällen und auch finanziellem Schaden zu bewahren.

So verstanden können Sie indirekt in die Zukunft sehen und diese mitgestalten. Denn wenn Sie Ihre Gedanken und Gefühle nicht kennen und einschätzen lernen, wird Ihr Unterbewusstsein weiterhin die volle Kontrolle haben und alte, längst überholte Programme werden unbeobachtet und unkontrolliert ablaufen. Und das wird über kurz oder lang zu einem Albtraum.

Wenn Sie nichts ändern, können Sie sich jetzt schon ausmalen, wie Ihre Zukunft aussehen wird. Sie endet direkt in einer Sackgasse. Ändern Sie allerdings etwas (und dazu haben Sie ja das richtige Buch in der Hand), werden Sie automatische Ihre Zukunft ändern. Sie haben es in der Hand. Und Sie werden es auf jeden Fall schaffen. Das behaupte ich, weil Sie diesen Satz nur lesen können, wenn Sie sich für sich interessieren und die Übungen lesen.

Auch nur das Lesen allein ändert schon etwas. Ihr Unterbewusstsein lernt auch ohne die Übungen auf jeden Fall zu verstehen, dass es grundsätzlich ganz wichtig ist. Ihr Unterbewusstsein hätte es allerdings mit Ihrer bewussten Hilfe etwas leichter.

Wenn Sie jetzt noch für einen kurzen Moment die Augen schließen, auf Ihre Atmung achten und sich einfach nur fühlen, sich und Ihrem Unbewussten danken, wird dieses Lernen noch verstärkt.

Je mehr Sie sich vertrauen lernen, umso mehr entwickeln Sie Ihre Intuition. Siehe dazu auch das nächste Kapitel.

2.2 Fremdwahrnehmung schulen

Fremdwahrnehmung bedeutet: Wie nehmen Sie Fremde und andere Menschen wahr ? Als Mitmenschen oder als Bedrohung ? Natürlich gibt es noch mehr Möglichkeiten.

Es hängt wieder davon ab, was Sie in Ihrem Unterbewusstsein abgespeichert haben. Haben andere – und dazu gehören natürlich auch Ihre Eltern – Sie in der Vergangenheit verletzt, wird Ihr Organismus nicht einfach so vertrauen können.
Er wird sie eher abwehren.

Wie auch immer, Sie können es herausfinden und ändern.

- ► Also: Was denken Sie über andere ?

- ► Sind diese mit Vorsicht zu genießen oder vertrauen Sie ihnen erst einmal ?

- ► Fallen Sie immer wieder auf andere rein ?

- ► Können Sie nicht Nein sagen, wenn Ihnen etwas nicht gefällt ?

- ► Fühlen Sie sich ständig von anderen missverstanden ?

- ► Oder missverstehen Sie ständig andere ?

Alle diese Punkte hängen mit Ihrer Eigenwahrnehmung zusammen. Denn wenn Sie sich schon nicht verstehen, wie wollen Sie dann erst andere verstehen.

Wenn Sie lernen auf Ihre Intuition zu vertrauen, können Sie sich darauf verlassen, dass das, was Sie wahrnehmen, stimmt.

Intuition [lateinisch intueri: »anschauen«, »betrachten«] bedeutet »plötzliche Eingebung«, »unmittelbares, ganzheitliches Erkennen«

oder »Erfahren eines Gegenstandes ohne Reflexion«. Intuitives Denken steht im Gegensatz zum schlussfolgernden, diskursiven Denken.

Das heißt so viel wie: Wenn Sie Zugang zu Ihrer Intuition haben, vertrauen Sie einer Botschaft außerhalb Ihres Körpers und Ihres Bewusstseins. Sie haben sich für eine höhere Energie geöffnet und diese empfangen. Dies geschieht nur, wenn Sie nicht denken, sondern einfach nur geschehen lassen.

Vertrauen werden Sie Ihrer Intuition allerdings nur können, wenn Ihnen Ihr Unterbewusstsein keinen Strich durch die Rechnung macht. Deshalb ist es auch so wichtig, sein Unterbewusstsein, »das Schattenreich«, wie es der berühmte Schweizer Psychiater C. G. Jung genannt hat, zu erhellen. Also bringen Sie Licht ins Dunkel Ihres Unterbewusstseins. Das ist auch eine Art von Erleuchtung.

Was auch immer Sie bei anderen beobachten, es hat auch immer mit Ihnen zu tun. Wenn Sie jemanden sehen, der traurig ist und sich dadurch nicht mehr so ganz wohl fühlt, bedeutet das, dass Sie in Resonanz mit dessen Trauer geraten sind. Es ist allerdings Ihre Erfahrung von Trauer. Es hat nichts mit der Trauer des anderen Menschen zu tun. Es ist ausschließlich Ihre, die andere Person hat ihre noch. Sie können niemandem sein Gefühl abnehmen.

Dieses Gefühl ist für Sie auch nicht neu. Es ist eine Erfahrung, die Sie schon einmal oder eher des Öfteren gemacht haben. Die andere Person erinnert Sie nur daran. Ein anderer Mensch bringt Sie also immer mit Ihren Gefühlen in Kontakt.

Wenn Sie also etwas über sich herausfinden und lernen wollen, begegnen Sie anderen Menschen. Seien Sie offen für das, was passiert, und vor allem für das, was Sie fühlen. Dieses Gefühl zeigt Ihnen unbewusste Prozesse auf. Es ist eine sehr schnelle und direkte Art, mit dem eigenen Unterbewusstsein in Kontakt zu kommen und unbewusste Prozesse zu entdecken.

Also: Was nehmen Sie bei Fremden wahr? Das hat etwas mit Ihrer Eigenwahrnehmung in Bezug auf andere zu tun. So gesehen gibt es gar keine Fremdwahrnehmung. Denn Sie nehmen den anderen immer durch Ihre Wahrnehmungsfilter wahr. Es sei denn, Ihnen sind Ihre eigenen Wahrnehmungsfilter fremd. Dann ist es tatsächlich Fremdwahrnehmung.

Und glauben Sie mir, solange Sie sich nicht kennen, werden nicht nur Sie sich selbst fremd sein, sondern jeder andere auch. Auch wenn Sie der Meinung sind, dass Sie Ihren Partner oder die Partnerin doch genau kennen und vertrauen. Das haben schon viele gedacht. Bis sie sich dann im Streit getrennt haben, denn dann lernten sie sich richtig kennen. Denn das, was dann meist Unschönes passiert, sind die unbewusst abgespeicherten Muster und Programme aus der Vergangenheit. Manche Menschen kennen sich in solchen Zuständen oft selbst nicht mehr.

Wer andere kennt, ist weise.
Wer sich selbst kennt, ist erleuchtet.

Übung: Fremdwahrnehmung schulen

- ▶ Beobachten Sie andere Menschen und nehmen Sie dabei Ihre Gedanken und Gefühle wahr.

Alles, was Sie dabei erfahren, hat ausschließlich mit ihnen zu tun. Wenn Sie sehen, wie andere miteinander umgehen, könnte es ein Spiegel sein, wie Sie mit sich umgehen oder umgehen lassen.

Respektieren Sie die anderen, denn auch Sie sind deren Spiegel. Und wer im Glashaus sitzt, sollte nicht mit Steinen werfen.

Je liebevoller Sie andere betrachten, mit Ihnen umgehen und durch sie lernen, umso liebevoller können und werden Sie mit sich umgehen lernen.

Ich sage mir immer: »Ich respektiere die Welt des anderen !«

2.3 Stimmungsbarometer

Das folgende Stimmungsbarometer wird Ihnen helfen, Ihre Stimmungen und Gefühle besser kennen und einordnen zu lernen. Das Stimmungsbarometer hat eine Skala, die von plus 10 bis minus 10 reicht. Plus 10 wie auch minus 10 sind jeweils immer einhundert Prozent.

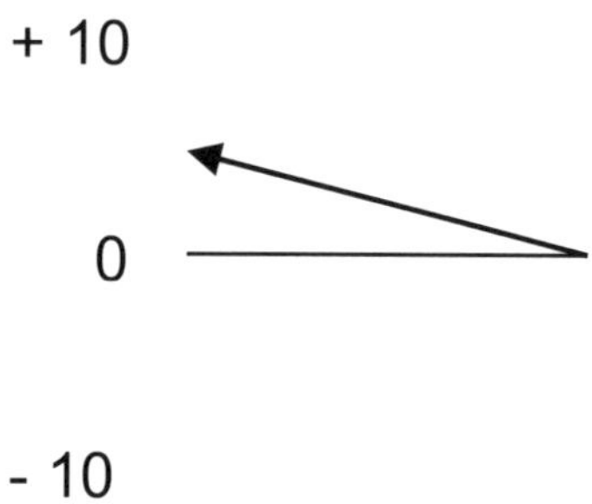

Abbildung 5: Das Stimmungsbarometer steht auf plus 5

Wenn ich morgens aufwache, und noch bevor ich aufstehe, lese ich mein Stimmungsbarometer ab. Ich lasse hierfür meist die Augen zu und schaue, höre und fühle in mich hinein.

Dann versuche ich ohne Druck, mein Gefühl einzuordnen. Erst mal: Fühle ich mich eher positiv oder negativ ? Dann kommt das Feintuning. Wenn es positiv ist: eher über plus 5 oder darunter. Und dann, wenn möglich, noch etwas genauer. Wie genau, ist nicht wirklich wichtig. Das Wichtigste dabei ist, dass ich mich wichtig nehme und in mich hineinfühle. Und es auch ernst nehme. Wenn ich zum Beispiel mal bei minus 8 wäre, würde ich meine Umgebung warnen. Achtung, hier ist eine tickende Zeitbombe unterwegs. Bitte nicht ansprechen, Explosionsgefahr.

Viele Menschen öffnen ihre Augen und rasen in den Tag. Und das ohne Rücksicht auf Verluste sich und anderen gegenüber. Das ist sehr respektlos dem Organismus gegenüber. Der arbeitet die ganze Nacht, um uns am Leben zu halten und wir bekommen es nicht einmal mit, geschweige denn wird es gewürdigt. In der Nacht, im Traum wird viel vom Tag aufgearbeitet und teilweise verarbeitet. Unser Unbewusstes kommuniziert über Träume mit uns und möchte uns daran teilhaben lassen. Wenn wir aber nicht in der Lage sind, morgens wenigstens ein paar Minuten in uns hineinzuspüren, werden wir nicht nur nichts mitbekommen, sondern eventuell alles wieder zunichtemachen.

Es hat auch etwas mit unserem Selbstwert zu tun. Sind wir es uns selbst wert, auch mal an uns zu denken ? Wenn Sie also morgens Ihr Stimmungsbarometer ablesen und sich dabei wahrnehmen, ist es nicht wirklich wichtig, ob Sie Ihren jeweiligen Wert genau herausfinden. Wichtig ist nur, dass Sie überhaupt sich hineinfühlen und nicht gleich losrennen. Es gibt nichts Wichtigeres als Sie. Alles andere muss erst mal warten. Und diese wichtige Übung dauert höchstens zwei Minuten. Zwei Minuten, die Ihnen zeigen, wo Sie stehen und wo es hingehen kann oder sollte. Manche verstehen oft nicht, warum es ihnen morgens manchmal nicht gut geht, nachdem sie noch am Abend zuvor so gut gelaunt ins Bett gegangen sind.

Sie vergessen, dass die ganze Nacht dazwischen war und sie nicht einfach nur geschlafen haben. Es schläft nur das Wachbewusstsein. Das Unterbewusstsein schläft nie. Wenn es einmal einschläft, dann schlafen wir mit ein. Und das für immer. Denn dann hört unser Körper auf zu funktionieren.

In der Nacht arbeitet es in unserem Unterbewusstsein auf Hochtouren. Denn es versucht, sämtliche noch nicht verarbeiteten Prozesse abzuarbeiten, bevor es am nächsten Tag wieder von unserem Wachbewusstsein teilweise zugemüllt wird.

Wenn wir morgens also mit einem schlechten Gefühl aufwachen, sollten wir dies ernst nehmen und in uns hineinhören. Es ist nicht immer möglich und wichtig, genau herauszufinden, worum es wirklich in der Nacht ging. Wichtig ist nur, dass man sich dann etwas im Außen zurückhält und sich erst dem inneren Prozess widmet. Sich auch mal fragt: »Was würde mir jetzt guttun ?«

Es kann natürlich auch sein, dass Sie herausfinden, dass es Ihnen sehr gut geht. Wäre doch schade, wenn Sie das vor lauter schnell schnell nicht richtig mitbekommen und ausleben können.

2.4 Selbstbewusstsein trainieren

Was ist überhaupt Selbstbewusstsein ?
Ich höre Menschen immer wieder sagen: »Ich habe überhaupt kein Selbstbewusstsein !«

Wenn sie sich wirklich sicher wären, dass sie kein Selbstbewusstsein haben und es dann ernsthaft sagen würden, hätten sie wohl das beste Selbstbewusstsein, dass sie haben können. Denn Selbstbewusstsein hat nichts mit einem guten Gefühl zu tun oder was auch immer manche Menschen glauben.

Nehmen wir das Wort doch einmal auseinander:
Selbst – bewusst – sein.

Das »Selbst« sind Sie. Das »bewusst« müssen Sie einfach werden. Und wenn Sie es dann auch noch sein können: Bingo !
Dann können Sie sich selbst – bewusst – sein.
Jemand, der nur darüber spricht, sich dessen nicht wirklich bewusst ist und es also auch nicht sein kann, hat sicherlich kein Selbstbewusstsein.

Selbstbewusst zu sein ist normalerweise ganz einfach. Ich muss mich nur ernst nehmen lernen. Also mir dessen, was ich selbst wahrnehme, bewusst werden, es ins Bewusstsein bringen, damit ich es auch bewusst sein kann.
Übung zum Wahrnehmen des eigenen Selbstbewusstseins:

Schließen Sie für einen Moment Ihre Augen und konzentrieren sich auf Ihre Gedanken und Gefühle. Was auch immer Sie jetzt denken oder fühlen, nehmen Sie es einfach nur zur Kenntnis. Bewerten Sie es nicht. Was auch immer es ist, es war bis eben noch unbewusst. Sie haben es jetzt durch diese Übung erst richtig bemerkt.

Jetzt ist es in Ihrem Bewusstsein.

Wenn Sie selbst es jetzt einfach mal nur zulassen, ohne Bewertung und Ärger, übernehmen Sie die Verantwortung dafür, dass es da ist und da sein darf.

Nur Sie **selbst** können sich dessen **bewusst sein**.

Das Problem ist nie, dass jemand kein Selbstbewusstsein hat, sondern dass er nicht weiß, was wirklich abläuft. Stattdessen sollte er es zur Chefsache machen und dafür einfach mal die Verantwortung übernehmen.

Selbstbewusstsein ist nicht von einem guten Gefühl abhängig.

2.5 Selbstwert erkennen

Was verstehen Sie unter Selbstwert ? Wie beim Selbstbewusstsein höre ich oft: »Ich habe kein bisschen Selbstwert !«

Es ist auch hier wieder das Wort »Selbst« mit im Spiel. Es geht also wieder einmal um Sie selbst. Also: Was sind Sie sich selbst wert? Machen Sie ab und zu mal eine Pause oder denken Sie immer nur an die anderen, arbeiten Sie viel ? Oder was auch immer.

Sind Sie sich denn nicht ***selbst*** so viel ***wert***, dass Sie ab und zu auch mal an sich denken ?

Um einen guten Selbstwert zu bekommen, muss man also »einfach nur« mal nach innen gehen. Hören, was die eigene Stimme sagt, was die eigenen Gefühle signalisieren.

Übung zur Stärkung des Selbstwertes:

Seien Sie sich immer öfter so viel selbst wert, dass Sie sich fragen:

- »Was brauche ICH jetzt gerade ?«
- »Was ist MIR im Moment wichtig ?«
- »Wie fühle ICH mich jetzt ?«

Sie können das x-beliebig erweitern. Seien Sie sich selbst so viel wert, dass Sie darüber nachdenken.

Wenn Sie es nicht machen, wer dann ! ?

Falls Sie jetzt denken: »Leichter gesagt als getan !«, gebe ich Ihnen absolut Recht. Ich sage ja auch nicht, dass es leicht umzusetzen ist. Ich bin nur sicher: Wenn Sie es nicht wenigstens versuchen, haben Sie Ihren Selbstwert bereits demonstriert, dann gute Nacht.

Es ist bei keiner dieser Übungen wichtig, wie oft Sie diese machen, nur dass Sie diese ab und zu machen. Je öfter Sie diese durchführen, umso mehr beweisen Sie Ihren Selbstwert, Ihre Selbstachtung, Ihre Selbstliebe.

Wenn Sie die Übungen auch seltener machen, sich darüber aber im Klaren sind, dass Sie dann eben langsamer vorankommen, ist das auch kein Problem. Das würde Selbstachtung, Selbstakzeptanz und, wenn Sie sich darüber nicht ärgern, wieder Selbstliebe und Selbstbewusstsein bedeuten.

Sie können nie wirklich etwas falsch machen.

Sie sollten einfach nur für alles die Verantwortung übernehmen, dann hört Leid automatisch auf.

Nur Sie *selbst* können dies.

2.6 Wie kann ich die Idee mit dem Loslassen loslassen ?

Ich habe in Kapitel 1.6 meine Ansichten über das Loslassen bereits ausführlich dargelegt. In diesem Kapitel geht es darum, diese Idee des Loslassens mal loszulassen.

Oder geht das vielleicht gar nicht ?

Im Kapitel 1.6 habe ich behauptet, dass es nicht einfach so funktioniert. In diesem Kapitel behaupte ich natürlich nichts anderes. Ich möchte Ihnen aber eine Übung in Bezug auf das Loslassen anbieten.

Wie ich bereits erwähnte, funktioniert Loslassen dann, wenn Sie bereit sind, das anzunehmen, was da ist. Und das so lange, bis es Sie loslässt.

Übung, um das Loslassen loszulassen

Denken Sie an eine Situation, die Ihnen nicht gefällt. Egal, was Sie daran stört. Versuchen Sie, sich für einen Moment da hinein zu assoziieren, also vor Ihrem inneren Auge zu sehen, zu hören und zu fühlen, was es in dieser Situation zu erleben gab. Und jetzt versuchen Sie, es nicht loszulassen, sondern anzunehmen. Es ist, wie es ist. Sie können es durch Loslassenwollen nicht loswerden. Es wird immer wieder zurückkommen. Und das so lange, bis Sie etwas verändert haben.

Und verändern können Sie nur etwas, das Sie richtig kennen gelernt haben. Und dies können Sie eben nur durch das Annehmen.

Wenn man etwas schnell loslassen könnte und würde, könnte man nie die nötige Information gewinnen, um herauszufinden, um was es wirklich geht. Mit »wirklich« meine ich, dass der Schein oft trügt. Es ist meist nicht so, wie es aussieht oder sich anfühlt. Je mehr Sie bereit sind, das, was ist, anzunehmen, auch wenn es sich im ersten Moment schlimm anfühlt, umso mehr werden Sie verstehen lernen, dass nichts einfach nur so geschieht, und schon gar nicht, um Sie wirklich zu schädigen.

Sie bekommen immer das Richtige zur richtigen Zeit.
Also versuchen Sie nicht, das Ihnen Geschenkte achtlos loszulassen.

Natürlich gibt es auch Dinge wie immer wiederkehrende selbstzerstörerische Gedanken. Hier könnte man vielleicht sagen, dass es sinnvoll wäre, diese loszulassen. Auch hier behaupte ich, dass die Lösung im Annehmen und nicht im Loslassen liegt.

Nehme ich solche Gedanken an und dadurch ernst, kann ich diesen meine ganze Aufmerksamkeit geben und herausfinden, ob sie tatsächlich stimmen. Stimmen sie nicht, werde ich meinen Organismus so lange vom Gegenteil überzeugen, bis er es verstanden hat und aufhört.

Würde ich immer wiederkehrende Gedanken wie: »Ich bin nichts wert !« ignorieren, indem ich sie loslasse, dann hätten diese ja auch Recht. Ich wäre es mir nicht einmal wert, diese anzunehmen und mich so lange um sie zu kümmern, bis mein Organismus lernt, dass sie nicht mehr stimmen. Ich bin mir selbst so viel wert, dass ich mich annehme.

Solche Gedanken kommen aus der Vergangenheit, als man das auf Grund der äußeren Umstände noch denken musste.

Zusammenfassung:

Öffnen Sie Ihre Arme für das, was da ist, und versuchen Sie es so, wie es ist, anzunehmen. Und das so lange, bis Sie die positive Absicht dahinter verstanden haben, auch wenn diese nicht immer sichtbar ist. Wenn Sie es lange genug annehmen und sich dadurch nicht mehr dagegen wehren, wird es Sie auf jeden Fall bald loslassen.

Sollten Sie es doch versehentlich mal schaffen, etwas einfach nur loszulassen: kein Problem. Glauben Sie mir, wenn es wichtig ist, kommt es mit voller Wucht zurück.

2.7 Symptome erkennen und deuten

Symptome haben alle eines gemeinsam: Sie sind ein Alarmzeichen für unbewusste Prozesse.

Ein Symptom ist ein wichtiges Signal und ausschließlich positiv zu bewerten. Sie werden erst negativ, wenn sie einfach nur wegtherapiert werden.

In der Medizin oder Psychologie bedeutet Symptom ein Zeichen, das auf eine Erkrankung oder Verletzung hinweist. Stellen Sie sich vor, an Ihrem Auto leuchtet die Ölkontrollleuchte. Dies ist ein ernst zu nehmendes Signal. Es ist ein Symptom für zu wenig Öl im Motorraum. Würde dieses Signal durch Herausschrauben der Ölkontrollleuchte einfach entfernt, hätte das mit Sicherheit einen Motorschaden zur Folge.

Jeder Therapeut oder Mediziner, der nur Symptome behandelt, ist letztendlich für die Folgeschäden verantwortlich. Wegtherapieren oder einfach nur rausschneiden, ohne die tatsächliche Ursache zu kennen und zu heilen, kann auf Dauer tödlich sein.

Der Organismus wird, wenn er mit einfachen Signalen nicht weiterkommt, härtere Geschütze auffahren müssen.

Der Organismus ist ein geniales, selbst regulierendes und selbst heilendes System, das auf Erhalt aus ist. Wenn die Belastungen und Bedrohungen nicht zu groß werden, kann er es selbst regeln und in Ordnung bringen. Belasten wir unseren Organismus zu sehr und geben ihm keine Ruhe, kommt er nicht mehr nach und kann es nicht mehr selbst in Ordnung bringen.

Oft reicht die nötige Ruhe schon aus. Wenn wir dem Organismus also Zeit geben, sich zu regenerieren und uns nicht einmischen, sondern stattdessen auf die Signale achten, die er uns ständig sendet, geht es dem Organismus und dadurch auch uns schnell wieder gut.

Da wir dies meist aber nicht gelernt haben und die klassische Medizin uns beigebracht hat, dass Symptome wegbehandelt werden müssen, haben wir erst einmal keine Wahl. Allerdings wachen immer mehr Menschen auf und gehen zu alternativen Medizinern oder Heilern, die die Symptome ernst nehmen und mit ihnen und nicht gegen sie arbeiten.

Wenn es bei Ihnen an der Haustüre läutet, wissen Sie auf jeden Fall, was es bedeutet. Da steht wohl jemand vor der Tür und möchte zu Ihnen. Wie Sie damit umgehen, ist Ihre Sache. Sie wissen auf jeden Fall, was es bedeutet. Wenn Sie nicht aufmachen, weil Sie vielleicht gerade keine Lust haben, ist das sicherlich erst mal in Ordnung.

Was machen Sie aber, wenn das Klingeln nicht aufhört ? Rufen Sie dann die Polizei, um den Signalisierenden entfernen zu lassen, oder sehen Sie vielleicht doch mal nach? Es scheint ja offensichtlich dringend zu sein.

Nehmen wir mal an, Sie öffnen nicht. Nehmen das Signal nicht ernst oder wichtig genug. Das Klingeln hatte allerdings den Zweck, dass Ihnen jemand mitteilen wollte, dass Ihr Auto gerade aufgebrochen oder abgeschleppt wird. Dann wird das Überhören, Übersehen und Nicht-ernst-Nehmen des Signals eventuell irreparabel und sehr teuer.

Manchmal müssen Symptome entfernt werden, da sie sonst viel Schaden anrichten können und lebensbedrohlich geworden sind. Dazu kommt es in der Regel aber erst, wenn die Signale davor nicht verstanden, sondern ignoriert oder einfach entfernt wurden.

Sie können lernen Signale rechtzeitig zu erkennen und zu verstehen. Ihr Organismus macht sich immer rechtzeitig bemerkbar. Wenn Sie den sensorischen, also den wahrnehmenden Apparat haben, um diese zu erkennen, können Sie auch rechtzeitig reagieren.

Wenn Sie die Übungen in den Kapiteln 2.1 bis 2.5 regelmäßig durchführen, haben Sie die besten Voraussetzungen für eine gute Wahrnehmung.

Sie müssen lernen Ihren Körper so gut es geht fühlen und einschätzen zu lernen. Denn er ist das Messinstrument, das Ihnen rechtzeitig die Daten liefert, die eine Abweichung aus der Mitte anzeigen.

Nur wer dies nicht versteht oder lernt, hat ernsthafte Probleme mit Krankheiten. Denn nur übersehene Messdaten / Signale / Symptome führen zu ernsthaften Bedrohungen.

Was nützen Messgeräte, wenn man sie nicht benutzt und die Ergebnisse abliest ? Natürlich sollten diese auch noch interpretiert werden können.

Also nun zur Praxis der Signale und Symptome

Nehmen wir eine Hautkrankheit, egal ob Neurodermitis, Schuppenflechte, Juckreiz oder Krätze. Die Haut ist unser größtes Organ und steht für die Grenze zwischen Innen und Außen. Alles was meine Haut irritiert, betrifft mich direkt.

Die Haut signalisiert mit solchen Störungen, dass ich mich vielleicht in meiner Haut nicht mehr wohl fühle. Das findet sich auch in unserer Sprache wieder, in Aussagen wie:

- »Ich könnte aus meiner Haut fahren !«
- »In einer bestimmten Situation fühle ich mich in meiner Haut nicht wohl.«
- »Seine Aussage haut mich um !«
- »In manchen Situationen bin ich besonders aufgekratzt.«
- »Das juckt mich gar nicht mehr !«
- »In Ihrer Haut möchte ich nicht stecken !«

Die Haut steht auch für Kommunikation. Über die Haut nehmen wir direkt mit der Umgebung Kontakt auf: Hautkontakt.

Die Haut reagiert und signalisiert auch Angst vor zu viel Nähe, die

Angst, verletzt zu werden. Lieber keinen Kontakt als zu viel oder dass er wieder abreißt. »Also lasst mich bloß alle in Ruhe ! Fasst mich nicht an !«

Würde man das selbst kommunizieren, dem anderen mitteilen, dass man jetzt mal seine Ruhe haben möchte, müsste es der Organismus uns nicht abnehmen. Der Körper signalisiert nur, wenn wir es nicht selbst machen, also wenn wir nicht verstehen, was läuft, und es dadurch nicht selbst signalisieren können.

Eigentlich genial. Es ist auch nicht schlimm, wenn der Organismus signalisieren muss. Denn wir können nicht immer alles wissen und berücksichtigen. Das meiste läuft ohnehin unterhalb unserer Bewusstseinsschwelle ab. Es wird durch die Signale erst sichtbar. Und das ist ja gut so.

Schlimm wird es nur, wenn wir die anfänglichen und meist leichten Signale nicht verstehen. Dann müssen diese zwangsläufig immer stärker werden.

Machen Sie sich also klar: Jedes Signal ist ausschließlich positiv und dient Ihrem Wachstum. Also bringen Sie Ihren Lehrer nicht um. Und lassen Sie nicht zu, dass die Signale durch hilflose Diagnosen fehlinterpretiert und einfach nur weggemacht werden.

Es muss wirklich sehr viel übersehen, überhört und überfühlt werden, bis es zu einem starken Signal, also einem Symptom kommt.

Hautprobleme stehen also für:

- Fehlerhafte Kommunikation, verbal wie nonverbal
- Unterdrückte Gefühle wie Wut und Aggression
- Angst vor Nähe
- Unsicherheit
- Fehlinterpretation im Gehirn bzgl. Nahrungsmittel

u. v. m.

Welches Symptom ich hier auch aufführen würde, es käme immer auf das Gleiche raus. Übersehene Signale.

Wenn Sie noch mehr über die Bedeutung und Heilung verschiedener Symptome erfahren wollen, kann ich Ihnen die Bücher von Rüdiger Dahlke z. B. »Krankheit als Symbol«, »Krankheit als Weg« und Kurt Tepperwein, »Was dir deine Krankheit sagen will«, »Die Botschaft deines Körpers« u.v.m. empfehlen. Es gibt noch jede Menge weitere gute Literatur zu diesem Thema.

Ich habe außerdem eine Checkliste für Sie aufgestellt, die Ihnen helfen kann, etwas mehr über Symptome zu erfahren und sie deuten zu lernen.

Fragen Sie sich zum Beispiel:

1. Wann haben die Symptome begonnen ?
2. Was war zu diesem Zeitpunkt in meinem Leben los ?
3. Wozu zwingen mich die Symptome ?
4. Wovon halten diese mich ab ?

Nehmen wir an, Sie antworten auf Frage 1: vor zwei Jahren. Dann beantworten Sie Frage 2. Eine mögliche Antwort könnte hier lauten: »Ich habe meinen Partner verloren !« Oder: »Mein Job wurde mir gekündigt !«

Egal, was Sie antworten. Es muss davor etwas passiert sein, das Sie nicht ernst genommen haben. Jetzt sollten Sie es ernst nehmen. Es sei denn, Sie legen es darauf an, noch deutlichere Signale zu bekommen.

Wenn Sie jetzt noch nicht drauf gekommen sind, was das Symptom zu bedeuten hat, wird Ihnen Frage 3 helfen: »Wozu zwingt Sie das Symptom ?«

Es macht das, was Sie normalerweise tun sollten. Bei einer Erkältung, die Sie ins Bett zwingt, signalisiert Ihr Organismus: Ich schicke dich jetzt ins Bett, damit du dir mal Ruhe und eine Auszeit gönnst. Wenn ich es nicht mache, du machst es ja sowieso nicht. Wenn Sie also Übermüdungssignale rechtzeitig ernst nehmen und darauf mit Ruhe reagieren, muss es Ihr Körper nicht für Sie machen.

Bei Frage 4: »Wovon hält Sie das Symptom ab ?«, werden Sie die

Bestätigung haben. Es hält Sie davon ab, sich weiter zu schädigen oder sich für andere »umzubringen«.

Welche Symptome Sie auch immer bekommen. Die Fragen, um ihre Bedeutung zu entschlüsseln, sind immer die gleichen. Selbst wenn Sie vermeintlich unverschuldet von jemand mit dem Auto angefahren werden, können Sie sich die Fragen 2 bis 4 stellen.

Möglicherweise finden Sie ja raus, dass Sie eine Auszeit brauchen, diese sich selbst allerdings nie gegönnt hätten.
Nehmen wir noch mal das Hautproblem.

Frage 1: »Wann haben die Hautprobleme begonnen ?«
Antwort: »Vor einem Jahr.«
Frage 2: »Was war vor einem Jahr ?«
Antwort: »Ich weiß es nicht, da war nichts.«
Frage: 3: »Wozu zwingt Sie das Symptom ?«
Antwort: »Zum Kratzen und es nervt nur .«

Jetzt würde ich auf Grund der Antwort eine Zwischenfrage stellen.
Frage: »Wer oder was nervt Sie ? Wann sind Sie aufgekratzt ?«
Antwort: »Abends, wenn mein / e Partner / in nach Hause kommt !«
Frage 4: »Wovon hält Sie das Symptom ab ?«
Antwort: »Mich wohl zu fühlen, sonst fällt mir jetzt nichts ein !«

Ich würde dann sagen: »Ist ja auch kein Wunder, wenn Ihnen Ihr / e Partner / in auf die Nerven geht. Da würde ich mich auch nicht wohl fühlen. Ihr Körper zeigt es Ihnen einfach nur !«

2.8 Wie kann ich mein Beziehungsproblem lösen ?

Wenn Sie die letzten Kapitel gelesen haben, wissen Sie bereits, woraus Ihr Beziehungsproblem besteht. Um Ihr Problem in der Beziehung leichter und schneller lösen zu können, wäre es hilfreich, wenn Ihr Partner oder Partnerin das Buch auch lesen würde.

Sollte das nicht möglich sein, ist das kein unüberwindbares Problem. Das Wichtigste ist zunächst auf jeden Fall, dass Sie und Ihr / e Partner / in sich darüber im Klaren sind, dass Sie nichts falsch machen können. Sie reagieren nie wirklich auf Ihre / n Partner / in, sondern immer auf Ihre Vergangenheit. Ihr / e Partner / in drückt immer wieder irgendwelche Knöpfe, auf die Sie reagieren.

Und dafür können Sie nichts. Sie können es aber ernst und annehmen. Also: Anstatt sich auf Ihr Gegenüber zu konzentrieren, sollten Sie in erster Linie Ihr Gefühl fühlen und sich darüber klar werden, dass es nicht das Gefühl eines erwachsenen Menschen ist, sondern eher das eines kleinen und hilflosen Kindes. Und dies braucht jetzt dringend Ihre Hilfe und Ihren Zuspruch und keine Diskussionen, Vorwürfe, Verurteilungen oder Sonstiges.

Ein weiterer und wichtiger Punkt ist, dass Sie es, wenn möglich, direkt aussprechen, also am besten laut denken.

Ich empfehle Paaren, die beide gemeinsam zu mir kommen, folgende Übung: Wenn möglich in einer Krisen- / Streitsituation laut denken. Damit meine ich, das, was Sie gerade denken, auszusprechen. Egal was es ist und was Sie glauben, das beim Gegenüber ankommen könnte. Dadurch lernen und verstehen Sie, was beim anderen gerade abläuft. Gedankenlesen und Interpretationen werden dadurch überflüssig.

Als Beispiel nehme ich einen Mann und eine Frau, die sich bzgl. ihrer Beziehung nicht mehr sicher sind. Keiner redet bisher wirklich darüber, was er oder sie empfindet und was ihn oder sie stört. Das

Paar bekommt die klare Anweisung, ab sofort auch in Alltagssituationen alles auszusprechen, was in ihnen vorgeht. Am Abend sitzen sie dann vielleicht wie gewöhnlich im Wohnzimmer auf der Couch und schauen in den Fernseher.

Die Frau denkt laut: »Ich hätte jetzt so gern, dass mich mein Mann in den Arm nimmt.«

Der Mann denkt ebenfalls laut: »Genau das habe ich befürchtet, dass du das willst. Normalerweise würde ich das ja auch gerne tun. Aber du hast dich meiner Meinung nach schon gleich so erwartungsvoll hingesetzt, als wolltest du sagen: ›Na los, nimm mich sofort in den Arm !‹ Und das bedroht mich und lässt mir keinen Entscheidungsspielraum. Ich möchte selbst entscheiden.«

Frau: »Ich wollte dich doch gar nicht bedrohen.«

Mann: »Ja, das glaube ich dir, aber ich kann ja auch nichts dafür, dass ich das so fühle und denke.«

Frau: »Und ich kann auch nichts dafür, dass ich das Bedürfnis habe.«

Im Moment ist das für beide sicherlich nicht befriedigend und noch keine Lösung. In erster Linie geht es darum, dass beide den jeweils anderen mit seinen Wünschen und Wahrnehmungen anhören. Ob sie das dann auch verstehen oder nachvollziehen können, ist nicht wichtig. Wichtig ist, dass sie es nicht mehr im Stillen und mit sich allein ausmachen müssen. So haben beide die Chance, den anderen kennen und wenn möglich verstehen zu lernen.

Keiner der beiden kann etwas für seine Gefühle und Gedanken. Diese kommen aus dem Unterbewusstsein und müssen gedacht und gefühlt werden. Hier haben wir keine Wahl. Sie tauchen auf und beeindrucken und beeinflussen uns. Und darüber hinaus lösen sie Gefühle aus, für die wir wieder zunächst mal nichts können. Um Gedanken und Gefühle zu beeinflussen, bedarf es sehr viel Übung und auf jeden Fall eines Veränderungsprozesses unserer in der Vergangenheit abgespeicherten Zustände. Und das ist nur durch eine vernünftige Therapie möglich. Ist unser unbewusster Schmerz geheilt, kommen auch nicht mehr so leidvolle Gedanken. Und wenn doch einmal welche auftauchen, weiß man sofort, dass man nur selbst und allein dafür verantwortlich ist. Die Umgebung und der Partner oder die Partnerin ist hierfür sicherlich nie verantwortlich. Sie sind nur ein Spiegel, in den wir nur sehr ungern sehen wollen.

Auf das Beispiel mit dem Paar angewandt würde das bedeuten, dass die Frau verstehen lernt, dass ihr Mann sie auch gerne in den Arm nehmen würde, sie ihm aber gar keine Chance dazu gibt. Der Mann würde hören, dass das der Frau gar nicht klar war und es auch nicht ihre Absicht war.

Nun stehen beide mit ihrem Problem da und können vielleicht den anderen etwas besser verstehen. Und wissen überhaupt erst einmal, was hier läuft. Was sie in dieser Phase brauchen, ist ein weiteres Coaching, bei dem ihnen der Therapeut, Coach oder dieses Buch erklärt, was tatsächlich abläuft und wie es zu verändern und heilen ist.

Denn beide reagieren aus Angst heraus. Die Frau fühlt sich, sicherlich ohne es zu wissen, allein und unsicher und möchte Sicherheit spüren, indem sie von ihrem Mann in den Arm genommen wird. Sie bekam in ihrer Kindheit wahrscheinlich zu wenig Sicherheit und Berührungen oder Ansprache.

Und das soll jetzt der Mann in Ordnung bringen – aber das ist grundsätzlich unmöglich. Er kann sie, wie sie möchte, in den Arm nehmen, damit ist ihr Problem aber nicht gelöst. Denn ihr Organismus hat sich in der Kindheit schon damit abgefunden, dass sie »nichts wert« ist und wollte diese Zuwendung damals schon nicht mehr haben.

Daher ist es normal, dass sie aus Angst, es wieder verlieren zu können, lieber nicht mehr möchte. Schließlich musste sie sich ja damit abfinden. Die Frau hat in der Kindheit gelernt, das so zu akzeptieren und hinzunehmen. Jetzt will sie es aber nicht mehr akzeptieren und geht von Flucht oder Starre in der Kindheit in Angriff und Handlung im Jetzt über, indem sie es von ihrem Mann fordert.

Der Mann kann also machen, was er will, es wird nie ausreichen. Manche Männer oder Frauen sagen ja auch: »Ich kann machen, was ich will, ihr / ihm ist es nie recht !«

Der Mann hat mit Sicherheit das Gleiche erlebt, sonst hätte er nicht diese Frau »ausgesucht«. Denken Sie an das Gesetz der Resonanz. Er geht heute als Konsequenz daraus allerdings in die Flucht und ist dadurch eher passiv. Er hat ebenfalls Angst und den Schmerz des nicht geliebten Wesens in sich. Er würde seine Frau sicher gerne fühlen, hat aber auch zu viel Angst vor Nähe und der Gefahr des Verlustes. Er fühlt den Schmerz vielleicht nicht so stark wie seine Frau und würde, hätte er die Chance, etwas später reagieren und die Frau auch umarmen.

Beide haben in der Therapie die Möglichkeit, es nicht nur verstehen, sondern auch heilen zu lernen.
Und für zu Hause bekommen sie dann von mir die Aufgabe, weiterhin laut zu denken und abwechselnde Übungen durchzuführen.

An einem Abend ist die Frau dran, aktiv zu werden, und beide schauen, was passiert und ob sie das aushalten.

Die Frau bekommt die Aufgabe, dass sie es ausspricht, wenn sie ihren Mann in den Arm nehmen möchte und ihm auch mitteilt, warum sie es möchte, z. B. mit den Worten: »Also ich fühle mich im Moment sehr einsam und unsicher und würde dich gerne spüren.« Sie weiß durch unsere Arbeit, dass nicht sie sich unsicher und alleine fühlt, sondern ihr inneres Kind.

Eine wirklich erwachsene Frau braucht sich nicht allein und schlecht zu fühlen und darunter auch noch zu leiden. Sie ist doch gar nicht allein. Es sei denn, sie hat keinen Kontakt zu sich. Und wenn, würde ja auch nichts passieren.

An dieser Stelle möchte ich anmerken, dass ich damit nicht meine, dass es nicht in Ordnung ist, den anderen spüren zu wollen. Es ist nur wichtig zu unterscheiden, ob sie den anderen in den Arm nehmen muss, weil sie sich sonst allein, unsicher und schlecht fühlt, oder weil sie es im Moment einfach »nur« genießen möchte.

Sie könnte es ja auch wollen, um sich zu fühlen, weil sie sich ohne Druck und Erwartung fühlen möchte.

Mit »sich fühlen« meine ich, dass wir nie wirklich den Anderen

fühlen. Wir fühlen immer »nur« uns. Ich kann zwar den Körper des anderen spüren, also seine Haut, die Knochen, die Haare oder was auch immer. Das Gefühl, das ich dabei habe, ist aber immer meins in Bezug auf den anderen.
Physikalisch gesprochen, fühlen wir immer nur die Differenz zwischen uns und dem anderen.

Fühlt sich jemand nicht gut an, dann ist das immer ein Gefühl der Bewertung. Und das hat mit der anderen Person nicht wirklich etwas zu tun. Es ist meine subjektive Wahrnehmung. Und das Subjekt, das ich wahrnehme, bin ich. Der andere ist das Objekt. Und das kann ich nie wirklich objektiv wahrnehmen. Sonst gäbe es ja keine Menschen, die sich bei einer Person gut fühlen, während andere sich bei der gleichen Person schlecht fühlen.

Wenn die Frau ihren Mann in den Arm nehmen möchte, weil sie sich noch besser spüren möchte, kann sie das ohne den Druck der unbewussten inneren Angst machen. Weil das nicht nur ihren Mann nicht bedrohen würde, sondern ihr auch keine Probleme bereiten würde, wenn er es jetzt nicht mögen würde.

Denn sie fühlt sich ja schon und ist deshalb bewusst und fühlt sich nicht allein. Wenn sie es aber aus Angst heraus macht, benutzt und missbraucht sie ihren Mann. Es sei denn, er weiß das und möchte das auch. Dann würde sie ihn nur benutzen.

Macht das Paar diese Übung und das Ganze also offensichtlich, kann und darf die Frau ihre Angst wahrnehmen, zulassen und aussprechen. Dadurch weiß der Mann, was in seiner Frau gerade abläuft und dass es grundsätzlich nichts mit ihm zu tun hat. Denn auch die Frau kann nichts für ihre Vergangenheit und Gefühle.

Wenn der Mann sich jetzt nicht mehr bedroht fühlen würde, könnte er die Frau mit ihrem verletzten inneren Kind in den Arm nehmen. Er würde den »beiden« genau im richtigen Moment Sicherheit und Schutz geben. Da beide durch die Therapie wissen, was sie da machen, können sie es auf eine bewusste Ebene bringen.

Der Mann nimmt also in der Krisensituation die Frau mit ihrem ängstlichen und verletzten Kind in den Arm und gibt ihr von außen

Sicherheit. Die Frau nimmt sich und ihr inneres Kind ernst und an und gibt diesem von innen her Sicherheit. Also ist das bisher allein gelassene und verletzte innere Kind vielleicht sogar zum ersten Mal nach Jahrzehnten des Alleinseins rundherum geschützt und behütet.

Und das bedeutet Heilung. Nichts kann eher Heilung bringen, als eine immer wieder als schmerzlich erfahrene Situation einmal mit einem schönen Ausgang zu erleben. Und je öfter sie das machen, umso schneller hören die Ängste auf.

Nehmen wir jetzt aber mal an, der Mann könnte die Frau nicht in den Arm nehmen. Dann sollte er es ihr auf jeden Fall mitteilen. Er sollte sagen, dass er sich unsicher und weiterhin bedroht fühlt – oder was auch immer.

Auch er weiß auf Grund unserer Arbeit, dass es sein Problem ist und nichts mit der Frau zu tun hat. Denn sie kann ihn nicht wirklich bedrohen. Es ist auch hier wieder seine Vergangenheit, die ihn bedroht.

Wenn beide sich darüber im Klaren sind, dass sie sich nur an ihre Vergangenheit erinnern, können sie aufhören sich gegenseitig zu nerven.

Durch das Verständnis, dass ihr Mann nicht anders kann, müsste die Frau ihr Gefühl in dieser Situation allein verarbeiten. Das bedeutet, da sie nicht auf seine Hilfe hoffen kann, wird sie sich vielleicht noch schlechter fühlen. Eventuell ist sie zusätzlich enttäuscht und fühlt sich im Stich gelassen. Was auch immer sie fühlt, sie muss es jetzt einfach nur fühlen. Und das wenn möglich bei vollem Bewusstsein.

Sie muss sich vom Kopf her frei machen, von den Gedanken, dass es irgendetwas mit ihrem Mann zu tun habe, und sich entscheiden ihre Arme für ihren Schmerz zu öffnen.

Vom Kopf her deshalb, weil der Kopf das erwachsene Ich repräsentiert. Das Gefühl repräsentiert das jüngere, verletzte Ich. Wenn Kopf und Körper zusammenfinden, und das bei vollem Bewusstsein, entsteht Heilung. Die heute Erwachsene gibt der Jüngeren von da-

mals rückwirkend das, was sie nie hatte.
Egal, wie sich die Frau oder der Mann bei der Übung verhalten, sie lernen bei mir, dass der andere nicht die Verantwortung für ihre Gefühle hat. Und auch, dass genau genommen sowieso nur sie selbst diese heilen können. Der oder die andere können uns das nicht wirklich abnehmen. Fühlen und annehmen können immer nur wir unsere Gefühle.

Im Normalfall macht diese Übung den Paaren sehr schnell viel Spaß. Denn es macht sie völlig frei von dem, was der andere mitmacht oder auch nicht mitmacht. Sie lernen sehr schnell ihre Gefühle einzuschätzen, einzuordnen und zu verstehen. Sie fühlen, dass sie nicht mehr sterben werden, was ihnen von ihrem inneren Kind immer suggeriert worden war. Wenn es sich auch manchmal so anfühlt.

Schön ist auch immer wieder, wenn beide aus ihrem Tunnel raus sind. Es ist schön, im Nachhinein darüber zu reden, was sie erlebt haben. Und wie sie wirklich fühlen konnten, dass sie sich klein und hilflos gefühlt haben. Auch höre ich immer wieder, wie schnell das hilflose und ängstliche Gefühl vorbei ist, wenn man es annimmt.

Egal, wer was und wie erlebt hat, es gibt keinen Schuldigen. Alles gilt für beide immer gleichermaßen. Jeder ist für sich und seine Vergangenheit erst einmal allein zuständig und verantwortlich. Wenn er oder sie vom anderen Hilfe bekommen kann, ist das sehr schön, hilfreich und heilsam. Wenn nicht, ist das völlig in Ordnung, denn man kann vom anderen nicht erwarten, dass er über seinen Schatten springt. Er oder sie kämpft im Ernstfall genauso ums Überleben.

2.9 Feedbackregeln

»Feedback« bedeutet Rückmeldung. Ich bekomme zum Beispiel von einer anderen Person eine Rückmeldung über mein Verhalten oder meine Leistungen im Beruf.

Wann immer ich etwas lernen möchte, ist Feedback wichtig.

Im Beruf solle es normal sein, dass Menschen sich gegenseitig rückmelden, was sie wahrnehmen. Im privaten Bereich ist es oft nicht üblich. Dort wäre es aber, möchte man unnötige Missverständnisse und Ärger verhindern, mindestens ebenso wichtig. Denn richtiges Feedback hat klare Regeln. Werden diese eingehalten, ist es schwer, Streit zu bekommen.

Grundvoraussetzung für professionelles Feedback ist das Verständnis der subjektiven Wahrnehmung. Wir Menschen nehmen immer nur subjektiv wahr, ob es sich um Ereignisse innerhalb oder außerhalb des Körpers handelt. Ereignisse innerhalb unseres Körpers, wie Gedanken und Gefühle, können noch leicht als subjektiv empfunden werden. Der Wahrnehmende ist dann das Subjekt, das sich selbst wahrnimmt.

Bei Ereignissen außerhalb des Körpers denken viele Menschen, dass sie das Wahrgenommene objektivieren müssen. Verständlich, es handelt sich ja auch um Objekte. Diese Objekte werden aber immer nur durch das Subjekt Mensch wahrgenommen. Die Art der Wahrnehmung ist abhängig von den abgespeicherten Erfahrungen des Einzelnen.

Menschen reagieren auf Objekte im Außen sehr unterschiedlich. Eben weil es von ihrer subjektiven Erfahrung diesbezüglich abhängt.

Ein Mensch macht gute Erfahrungen mit Pflanzen und liebt diese. Ein anderer findet das ständige Gießen nervig. Fragt man beide nach ihrem Verhältnis zu Pflanzen, wird man zwei unterschiedliche subjektive Antworten bekommen.

Wären beide sich allerdings einig, würden Sie wahrscheinlich sagen: »Blumen sind Klasse !« Dies wäre eine Verallgemeinerung, die diese Aussage als absolut abstempelt, als wäre es objektiv so. Es ist oft so, dass Menschen, die die gleiche Meinung haben, glauben, dass etwas objektiv so wäre und die anderen es auch so sehen müssen.

Es gibt keine Objektivität. Es gibt so viele subjektive Meinungen, wie es Menschen gibt.

Wenn Menschen sich Feedback geben wollen, ist dieses Verständnis unerlässlich. Dann wird nicht mehr gesagt: »Das ist schlecht, was du machst !«, sondern: »Ich verstehe es nicht« oder: »Ich sehe oder empfinde das anders.«

Der häufigste Streitpunkt in Gesprächen ist das Unterstellen, dass das, was der eine wahrnimmt, Gesetz und richtig zu sein behauptet, und der andere dagegen verstoßen hat.

Wenn Menschen sich Feedback geben wollen, sollten sie sich als Erstes darüber klar werden, dass Feedback ausschließlich dem Wachstum dienen sollte. Es sollte wohlwollend und respektvoll sein.

Der, der Feedback gibt, sollte:

1. **Fragen, ob das Gegenüber Feedback möchte.**
2. **Mit dem Positiven beginnen.** Dann einen Punkt und eine Pause machen. Kein »aber« im Satz, denn ein »aber« tilgt den ersten Satzteil.
3. Dann **sinnlich-konkret mitteilen**, was genau wahrgenommen wurde. Also: **Was habe ich gesehen und gehört.** Und das diesmal wirklich objektiv. Das ist einfacher, wenn ich mir vorstelle, dass ich durch das Objektiv einer Kamera sehe und ein Tonban d dazu anhöre. Die Kamera nimmt das Bild und das Tonband den Ton ohne Bewertung auf.
4. **Mitteilen, was es bei mir auslöst.** Ich weiß, dass es nichts mit der anderen Person zu tun hat. Es ist mein subjektives Empfinden und hat nicht wirklich mit der anderen Person zu tun. Diese drückt nur wieder auf einen meiner Knöpfe.

5. **Mitteilen, was ich mir gewünscht hätte oder eventuell nochwünsche.**

Die Person, die Feedback bekommt, sollte:

1. **Überlegen, ob sie Feedback möchte.**
2. **Sich für das Feedback öffnen.** Sie sollte nicht gleich den ken, dass sie jetzt fertiggemacht wird.
3. **Genau zuhören und prüfen, ob alles verstanden wurde, sonst nachfragen.** Aber nicht diskutieren, nur Verständnis fragen stellen.
4. **Sich für das Feedback bedanken.**
5. **Wenn es gewünscht wird, das Gefühl zum Feedback mit teilen.** Also: Was löst das Feedback in mir für Gefühle aus.

Nicht rechtfertigen. Es gibt nie einen Grund, sich für etwas zu rechtfertigen. Das bringt Sie sofort in die Opferrolle und löst Schuldgefühle aus.

Ein Beispiel aus dem privaten Bereich:
Ein Mann kommt spät nach Hause und die Frau fragt ihn: »Wo warst du denn so lange ?«

Der Mann wird sofort laut: »Mach mich doch nicht gleich so blöd an !«

Danach beginnt ein Streit, in dem sich beide verteidigen und sich gegenseitig Vorwürfe machen.

Was ist wirklich passiert ?

Die Frau sitzt vielleicht erwartungsvoll zu Hause und freut sich auf ihren Mann. Nach einer gewissen Zeit macht sie sich Sorgen. Als ihr Mann zur Tür hereinkommt, fragt sie ihn daher sorgenvoll: »Wo warst du denn so lange ?«

Der Mann hatte mit Sicherheit seine Gründe, weshalb er sich verspätet hat, und kommt ahnungslos zur Tür herein. Vielleicht hatte er gerade Stress im Straßenverkehr oder sogar einen Unfall. Er fühlt sich von dem für ihn vorwurfsvollen Ton seiner Frau überrascht und überfordert und reagiert wie in seiner Kindheit, wenn ihn seine Mutter nach so einer Frage bestraft hat. Früher hatte er wohl kaum eine Chance, gegen die Mutter oder den Vater anzukommen. Heute wird er sich das nicht mehr gefallen lassen. Sein Organismus nimmt in dieser Stresssituation allerdings nicht wahr, dass es nicht seine Mutter, sondern seine Frau ist.

Zurück zum Streit des Paares: Oft endet so ein Streit im Unklaren. Beide haben sich die Meinung gesagt und das war es. Selten wird später noch einmal darüber gesprochen. Einen solchen Streit kann man ohne Erfahrung selten verhindern oder sogar in der Situation direkt klären. Danach, wenn die Emotionen etwas abgeklungen sind, sollte es aber möglich sein.

Es sollte dann am besten nach den Feedbackregeln ablaufen. Beide sollten sich gegenseitig die Erlaubnis für ein konstruktives und wohlwollendes Feedback geben.

Wer auch immer anfangen möchte, beginnt dann mit Punkt 2: **Mit dem Positiven beginnen.**

Dieses ist unter Umständen nicht möglich, da es erst einmal nichts Positives für beide gab. Sie haben sich ja gegenseitig mit ihren unerwarteten Aussagen überrascht. Ich werde diesen Punkt im nächsten Beispiel einbauen und erklären.

Dann folgt Punkt 3: Sich **sinnlich-konkret mitteilen** meint, dass zum Beispiel der Mann sagt, was er mit seinen Sinnen konkret wahrgenommen hat. Also z. B.: »Ich habe gehört, dass du gesagt hast: ›Wo warst du denn so lange ?‹« Damit spricht er den auditiven Sinn an, das, was er gehört hat, ohne subjektiven Kommentar. Er sagt nicht: »Du hast vorwurfvoll oder aggressiv gefragt«, sondern eben objektiv (wie ein Tonband es aufgezeichnet hätte) das, was gesagt wurde. Jeder andere hätte den gleichen Satz gehört.

Danach folgt Punkt 4: **Mitteilen, was es bei mir auslöst.**

Der Mann würde vielleicht sagen: »Ich fühlte mich total überfallen und in die Enge getrieben !« Hier geht es jetzt um die subjektive Wahrnehmung. Jetzt darf er sagen, was er gefühlt hat oder auch noch fühlt.

Wichtig ist, dass Sie an dieser Stelle wissen, dass das Gefühlte zugelassen werden darf. Was auch immer Sie fühlen, ist in Ordnung und sollte zum Ausdruck gebracht werden. Damit hat Ihr Gegenüber auch die Chance, zu verstehen, was in diesem Moment in Ihnen abgelaufen ist oder noch abläuft. Wie soll ein anderer für uns je Verständnis empfinden, wenn wir es noch nicht mal für uns verstehen und annehmen? Und vor allem, wenn wir es nicht nach außen bringen.

Viele Menschen behalten ihre Emotionen bei sich, weil sie in der Kindheit gelernt haben, dass diese oft nicht erwünscht oder »falsch« waren.

Ihre Emotionen sind nie falsch. Sie sind einfach. Hierfür gibt es immer einen Grund. Und den kann man erst herausfinden, wenn man die Emotionen kennen lernt. Und dazu muss man sie zulassen, fühlen und mitteilen. Jedes richtig durchgeführte Feedback bedeutet ein Stück Heilung.

Also streiten Sie, wann immer es sein soll, und ärgern Sie sich nicht darüber. Wenn Sie das Vorgefallene hinterher nach diesen Feedbackregeln klären, werden Sie sich und ihr Gegenüber besser verstehen und heilen können.

Zu Punkt 5: **Mitteilen, was ich mir gewünscht hätte oder eventuell noch wünsche.**

Jetzt kann der Mann sagen: »Ich hätte mir gewünscht, dass du erst mal guten Abend gesagt und mich gefragt hättest, ob alles in Ordnung ist.« Er kann auch sagen: »Ich hätte mir gewünscht, dass du sagen würdest, du hättest dir Sorgen gemacht !«

Was auch immer er sich gewünscht hatte, ist in Ordnung. Das heißt allerdings nicht, dass es das Gegenüber auch so hätte machen sollen. Hier geht es erst mal nur darum, zu sagen, was man sich gewünscht hätte. Es soll für den anderen zu keinem zukünftigen Gesetz werden müssen.

Jetzt kommt das Feedback zum Feedback:

So, nun ist die Frau dran, um auf das Feedback mit ihrem Feedback zu reagieren.

Die Punkte 1 bis 4 sollten bereits erfüllt sein.

Punkt 1: **Überlegen, ob sie Feedback möchte,**

Punkt 2: **Sich für das Feedback öffnen** und

Punkt 3: **Genau zuhören und prüfen, ob alles verstanden wurde, sonst nachfragen.**

Punkt 4: **Sich für das Feedback bedanken** ist nur dann einigermaßen machbar, wenn Sie verstanden haben, dass Sie das Feedback, wenn Sie es annehmen und daraus lernen wollen, wirklich weiterbringt.

Punkt 5: **Wenn gewünscht, das Gefühl zum Feedback mitteilen.**

Jetzt kann die Frau ohne Wenn und Aber ihr Gefühl mitteilen. Zum Beispiel mit den Worten: »Ich fühle mich von dir nicht verstanden« oder: »Ich bin traurig. Ich habe es doch nur gut gemeint.«

Auch hier ist wieder wichtig, dass was immer Sie fühlen in Ordnung ist und angenommen und mitgeteilt werden sollte. Auch hier ist wieder wichtig, sich daran zu erinnern, dass niemand in Ihnen ein Gefühl auslösen kann, das nicht schon da war. Es sind immer Ihre Gefühle. Und diese dürfen sein und sollten gefühlt werden. Nur wenn Sie die Verantwortung für Ihre Gefühle übernehmen und sie zulassen, ist Heilung möglich.

Unterdrücken, wegdiskutieren oder Schuldzuweisungen lösen niemals Ihr Problem. Im Gegenteil, sie erschaffen neue Probleme auf der körperlichen Ebene über die Psychosomatik.

Sollte das Feedback der Frau in Bezug auf das Feedback des Mannes abgeschlossen sein, kommt sie natürlich an die Reihe, ihr Feedback zur Ursprungssituation abzugeben.

Noch ein Beispiel aus dem privaten Bereich:

Ich nehme das schon bekannte Beispiel mit dem Teller auf der Spülmaschine: Die Frau kommt in die Küche und sieht den Teller ihres Mannes auf der Spülmaschine stehen. Sie ruft ihren Mann und meckert ihn wegen des Tellers an. Sie sagt: »Wie oft muss ich es noch sagen, der Teller gehört in die Spülmaschine. Muss ich denn immer alles selber machen !«

Der Mann kontert dann mit seinen Argumenten: Er müsse ja

schließlich den ganzen Tag arbeiten und Geld verdienen, da wird sie wohl noch seinen Teller in die Spülmaschine stellen können. Es artet dann mal wieder in einen sinnlosen Streit aus, in dem sich beide nicht verstanden fühlen.

Jetzt wieder zum Feedback nach oder während des Streites.

Beginnen wir mit der Frau, die in die Küche kommt und den Teller sieht. Sie kann ihre Gefühle wahr- und annehmen. Und ruft dann ihren Mann in die Küche, um ihm direkt in dieser Situation Feedback zu geben.

Punkt 1: **Fragen, ob das Gegenüber Feedback möchte.**

Sie könnte sagen: »Ich würde dir gerne meine Wahrnehmung mitteilen.«

Jetzt müsste sie natürlich streng genommen abwarten, was ihr Mann sagt. Sagt er: »Ich möchte nichts hören !«, also kein Feedback, kann die Frau kein konstruktives Feedback mehr abgeben. Jetzt muss sie für sich prüfen, ob das immer so ist und so weitergehen soll. Im schlimmsten Fall muss man dann auch mal ohne die Zustimmung des anderen seine Meinung sagen.

Punkt 2: **Mit dem Positiven beginnen.**

Sie hat jetzt das O. K. zum Feedback. »Mit dem Positiven beginnen« meint, dass sie sagen sollte, was sie in Bezug auf das Problem als positiv wahrgenommen hat. Sie könnte sagen: »Ich finde es toll, wie du ab und zu, wenn du Zeit hast, im Haushalt mithilfst.« Oder: »Es ist sehr schön für mich, wenn du mich gelegentlich unterstützt, vielen Dank.« Diese Aussagen sollten allerdings ernst gemeint sein, sonst lassen Sie es lieber.

Danach kommen ein Punkt und eine Pause, auf keinen Fall mitten im Satz mit »aber« weitermachen. Denn dann können Sie es auch gleich lassen. Jeder Satz, der mit etwas Positivem beginnt und mit »aber« weitergeht, löscht den ersten Satzteil aus. Wenn Sie sagen: »Ich finde es toll, wie du ab und zu, wenn du Zeit hast, im Haushalt mithilfst, aber du hast den Teller mal wieder nicht in die Spülmaschine gestellt«, dann lösen Sie mit dem ersten Satzteil ein positives Gefühl aus, das dann durch die weitere Aussage eliminiert wird. Das ist nicht nur ein schreckliches Gefühl für denjenigen, der das Feedback bekommt, sondern löst auch in Zukunft bei einem positiven Anfang ein Misstrauen aus.

Stellen Sie sich mal vor, Ihr Partner oder Ihre Partnerin sagt zu Ihnen: »Ich liebe dich !« Und Sie glauben es. Ist das nicht einfach ein schönes Gefühl ? Stellen Sie sich noch einmal vor, Ihr Partner oder Ihre Partnerin sagt zu Ihnen: »Ich liebe dich, aber nicht mehr lange.« Oder: »Ich liebe dich, aber ich werde dich verlassen.« Das anfänglich schöne Gefühl wird sofort zerstört. Sie stürzen aber nicht von null ins nichts. Sondern von einem sehr hohen Gefühl ins Nichts. Dieser Absturz ist wesentlich tiefer.

Bedenken Sie also bei jedem Feedback, die »Ja, aber«Konstruktionen zu vermeiden. Machen Sie nach einer positiven Aussage immer eine Pause, dann kann es beim anderen auch positiv wirken.

Dann machen Sie mit Punkt 2 weiter: Das Wahrgenommene **sinnlich konkret mitteilen**. Teilen Sie mit, was Sie beobachtet haben Also: »Ich finde es toll, wie du ab und zu, wenn du Zeit hast, im Haushalt mithilfst.« **Pause.** »Als ich in die Küche kam, sah ich deinen Teller auf der Spülmaschine stehen.«

Dann zu Punkt 3: **Mitteilen, was es bei mir auslöst.**

»Und das löst in mir ein Gefühl von Unverständnis aus.« Oder: »Und das löst in mir ein Gefühl von Hilflosigkeit aus.«

Dann zu Punkt 5: **Mitteilen, was ich mir gewünscht hätte oder eventuell noch wünsche**.

»Ich hätte mir gewünscht, dass du den Teller in die Spülmaschine stellst.« Oder: »Ich hätte mir gewünscht, dass du mir in irgendeiner Form entgegenkommst.«

Also in einem Durchgang: »Ich finde es toll, wie du ab und zu, wenn du Zeit hast, im Haushalt mithilfst.« Pause. »Als ich in die Küche kam, sah ich deinen Teller auf der Spülmaschine stehen. Und das löst in mir ein Gefühl von Hilflosigkeit aus. Ich hätte mir gewünscht, dass du den Teller in die Spülmaschine stellst.«

Danach ist der Mann dran, sein Feedback abzugeben.

Es sollte keine Rechtfertigung sein, denn das drängt ihn in die Opferrolle. Das Einzige, was er »falsch« gemacht hat, ist sich selbst nicht ernst zu nehmen. Denn er kann sich ja denken, was seine Unachtsamkeit auslösen kann. Und damit meine ich nicht nur die Reaktion der Frau, sondern im Extremfall die Trennung seitens der Frau.

Wenn er das nicht möchte, sollte er sich ernst nehmen lernen. Damit meine ich, er sollte selbstkritisch feststellen, dass seine Frau mit dem Teller auf der Spülmaschine Recht hat und er es eben vergessen hat.

Bei meinem Beispiel gehe ich natürlich davon aus, dass die beiden verabredet haben, dass jeder seinen Teller, wenn er mit diesem in die Küche geht, ihn dann auch gleich in die Spülmaschine stellt.

Wie auch immer Sie die Feedbackregeln verstehen und auslegen wollen, wichtig ist, dass sie zu Ihrer Freiheit und Gesundheit beitragen und Ihnen das Leben leichter machen sollten. Denn zerstörte Nerven kann man nicht mehr reparieren.

Diese Feedbackregeln sollten in jeder Beziehung und Umgebung gelten. Ob privat, beim Sport, im Beruf oder in der Freizeit. Sie zeugen von Respekt sich und dem anderen gegenüber.

Teil 3:
Die MB-Methode

3. Die MB-Methode

Ich werde von meinen Klienten immer wieder gefragt, ob sie das, was wir in meiner Praxis machen, irgendwo nachlesen können. Darauf musste ich immer mit einem klaren Nein antworten.

Ich erklärte und erkläre immer noch, dass das, was ich mache, auf einer über fünfjährigen Ausbildung bzw. Weiterbildungen beruht und dass meine circa 20-jährige Berufserfahrung darin eingeflossen ist. Zusätzlich enthält es meine komplette Lebenserfahrung.

Was auch immer ich gelernt habe, entsprang natürlich einem inneren, damals noch unbewussten, Wunsch nach Heilung. Ich habe auf Grund meiner eigenen Vergangenheit Fähigkeiten entwickelt, die man in einer beschützten und behüteten Umgebung nicht einfach so lernen kann bzw. muss.

Ich habe über zwei Jahrzehnte geglaubt, dass alles schiefgelaufen ist und ich es auch nicht besser verdient hätte. Erst durch meine vielen Ausbildungen und den bis heute unglaublichen Drang, alles verstehen und durchschauen zu wollen, habe ich verstehen gelernt, dass bis zum heutigen Tag alles genau nach einem vorherbestimmten Plan verläuft. Den ich mit ausgesucht und mitbestimmt habe.

Wenn meine Klienten also nach Material zum Verstehen und Weiterarbeiten fragen, verweise ich sie auf Bücher über die Arbeit mit dem inneren Kind, Quantenpsychologie, Hypnose, NLP und, je nach Interesse, auf die Bücher von Eckhart Tolle und anderen spirituellen Lehrern und Heilern.

Allerdings teile ich auch mit, dass ihnen diese Bücher wahrscheinlich nicht wirklich oder nur teilweise meine Praxis abbilden, da sie immer nur Komponenten meiner Arbeit beinhalten und meist auch nicht so einfach zu verstehen sind.

Ich hörte dann immer wieder: »Was machen Sie denn dann genau?« Oder: »Wie heißt das, was Sie machen ?«
Ich nenne es meine Art zu leben und zu arbeiten.

Die Michael-Begelspacher-Methode, kurz: MB-Methode.
Bis vor kurzem nannte ich es noch MB-Prozess.

Ich nenne/nannte es deswegen »Prozess«, weil es ein lebenslanger Prozess ist, wenn man gesund und fröhlich alt werden möchte. Im Laufe dieses Prozesses ist man gefordert auf sich zu achten, an und mit sich zu arbeiten und sich ernst zu nehmen. Ein Prozess, der für manche Menschen bei mir in der Praxis beginnt und schon nach sehr kurzer Zeit allein weitergeführt werden kann.

»Dann sollten Sie darüber mal ein Buch schreiben !«, höre ich oft. Ich verwies dafür bisher auf meine Website. Auf der beschreibe ich, wie ich meine Arbeit verstehe und was ich in etwa mache. Ebenfalls verweise ich auf Artikel, die ich in verschiedenen Fachzeitschriften veröffentlicht habe. Diese kann man auf meiner Website herunterladen.

Nun aber ist es ja endlich so weit. Das Buch ist, wie Sie ja sehen, bereits erschienen. Und dafür möchte ich auch an dieser Stelle nochmals allen, die mich ermutigt und an mich geglaubt haben, von ganzem Herzen danken.

Auch Ihnen danke ich dafür, dass Sie es lesen.

Die MB-Methode für Therapeuten / Berater

Das Folgende betrifft besonders Therapeuten und Patienten. Das gilt natürlich auch für Lebensberater, Berater und ihre Klienten.

1. Schritt: Den Patienten annehmen

Damit ist gemeint, dass die Arbeit bereits beim ersten Kontakt beginnt. Ob per Telefon oder persönlich spielt keine Rolle. Es ist wichtig, den Patienten bereits vorab mental zu empfangen. Denn die Einstellung, die der Therapeut in Bezug auf seine Patienten oder die Arbeit hat, ist entscheidend für das meist unbewusste Vertrauen seitens des Patienten.

Und jeder Therapeut sollte sich darüber im Klaren sein, dass uns unsere Patienten auch immer wieder an unsere eigenen, meist noch unbewussten, Themen erinnern können. Also sollte jeder Therapeut, der ernsthaft an sich weiterarbeitet, seinen Patienten schon im Voraus mental für deren Kommen danken.

Hören Sie sich bei der Arbeit mit Ihren Patienten selbst zu, werden Sie wertvolle Ratschläge in Bezug auf Ihr Weiterkommen erhalten, denn meist sind die Ratschläge unbewusst auch an Sie selbst gerichtet.

2. Schritt: Den Patienten empfangen

Das tatsächliche Empfangen besteht im Gegenübertreten und meint, dem Patienten beim Betreten der Therapieräume nicht gleich zu sehr »auf die Pelle« zu rücken. So ist ein vernünftiger Abstand beim Händereichen sehr wichtig, denn der Patient kennt den Therapeuten noch nicht und hat meist etwas Angst vor einer Therapie. Er braucht also seinen Raum, in den der Therapeut nicht gleich, und schon gar nicht ohne die Erlaubnis, eindringen sollte. Natürlich betreten wir immer automatisch den Raum des Patienten, da der persönliche Raum, die Aura (das Energiefeld um den Menschen) meist im Durchmesser mehrere Meter beträgt. Es ist nur ein Unterschied, ob ich das weiß und respektiere oder ob ich einfach achtlos drauflosstürme. Ich beobachte immer wieder Therapeuten, die das noch nicht verstanden haben und den Menschen beim Erstkontakt dermaßen nahe kommen, dass es diesen sichtbar unangenehm ist. Wenn das passiert und nicht bemerkt wird, so ist meine feste Überzeugung, führt das zu einem Fehlschlagen der Therapie. Falls es überhaupt noch dazu kommt, denn die meisten Menschen fühlen sich sehr unwohl bei einem solchen Verhalten und kommen dann einfach nicht wieder.

Ich kann es in den Ausbildungen meinen Schülern gegenüber nicht oft genug betonen: Der Erstkontakt kann schon entscheidend für den Erfolg der Therapie oder Beratung sein. Der Patient entschuldigt dem Therapeuten beinahe alles, wenn er sich von Anfang an von diesem respektiert und bei ihm aufgehoben fühlt.

3. Schritt: Dem Patienten richtig zuhören

Dem Patienten richtig zuhören heißt, ihm mit offenem Herzen zuzuhören. Wenn wir uns klarmachen, dass eines unser Probleme darin besteht, dass unsere Eltern nicht immer Zeit hatten, um uns ihr Herz zu öffnen oder ein »offenes Ohr« für uns hatten, muss uns doch klar werden, dass ein Therapeut nicht den gleichen »Fehler« machen darf. Sonst ist das bis zu diesem Zeitpunkt richtige Annehmen auch nicht lange mehr für eine gute Therapie ausreichend.

Der Therapeut sollte das Gefühl vermitteln, dass der Patient alles sagen und zeigen darf und hier immer in Sicherheit ist und bedingungslos angenommen wird.

Wenn die ersten drei Schritte beherzigt werden, ist es schon fast egal, was danach kommt. Denn der Organismus lernt durch dieses Vorgehen, wie wichtig er ist. Für manche Patienten ist es vielleicht die erste Therapie in ihrem Leben. Ich höre bei der zweiten Sitzung so gut wie immer, dass sich seit dem letzten Mal einiges zum Positiven verändert hat. »Obwohl wir beim letzten Mal doch nur geredet haben«, sagen die Patienten beim zweiten Mal oft.

Wir haben tatsächlich nur geredet. Was ich aber mache, ist:

Ich stelle einen Rahmen her, innerhalb dessen der Klient das Gefühl einer bedingungslosen Liebe und Akzeptanz erfährt. Und das heilt mehr als jede noch so ausgeklügelte Therapie.

Oft sagen die Klienten auch, sie hätten ihre frühere Therapie abgebrochen, weil sie sich vom Therapeuten nicht angenommen und ernst genommen gefühlt haben. Oft höre ich auch: »Der saß nur da und hat mich immer nur angeschaut und kaum etwas gesagt. Ich wusste gar nicht mehr, was ich noch alles erzählen sollte. Und deswegen gehe ich auch nicht mehr hin.«

Manche erzählen von Therapeuten, die einfach nur kluge Verhaltensratschläge abgeben und sich nachher wundern, wenn diese nicht funktionieren.

4. Schritt: Die Zusammenhänge erklären

Es ist wichtig, sofern der Therapeut dazu in der Lage ist, dem Patienten die Zusammenhänge zu erklären. Damit dieser versteht, dass alles nach einem Muster abläuft und auf Grund der Unwissenheit der Eltern und später der Unwissenheit des Patienten nie anders hätte ablaufen können.

Es beruhigt die Patienten ungemein, wenn ihnen endlich mal jemand erzählt, was hier abläuft. Und vor allem helfe ich ihnen dadurch, ihre Schuldgefühle in Bezug auf sich abzubauen. Denn viele Menschen machen sich unglaubliche Vorwürfe, weil sie sich und ihr Leben nicht in den Griff bekommen. Dabei gibt es nichts in den Griff zu bekommen, sondern erst mal zu verstehen und anzunehmen. Und bereits das ist ein sehr schwieriger Prozess.

Es ist auch wichtig, dass der Patient dies zu verstehen lernt, sonst kann er auch nicht wirklich richtig mitarbeiten. Diese Selbstverantwortungwahrnehmung soll dem Patienten je nach Schwere des Falles auch baldmöglichst Handlungskompetenz geben und ihn von der Therapie unabhängig machen.

5. Schritt: Die Reise in die Vergangenheit

Nachdem geklärt worden ist, worin das eigentliche Problem besteht, führt man die Patienten anhand ihres Gefühls zurück in die Vergangenheit zum Ursprung des Gefühls. Dazu erklärt man dem Patienten erst einmal, dass nicht das, was von ihnen häufig beschrieben wird, das tatsächliche Problem ist, sondern das Gefühl, das sie dabei haben. Denn dieses wird meist nicht verstanden und angenommen.

Man lässt also den Patienten erst einmal die für ihn problematische Situation beschreiben. Dann soll er sich auf das Gefühl, das er dabei hat, konzentrieren.

Wo genau fühlt der Patient dieses Gefühl ? An diesem Punkt sollte er, wenn möglich, die Hand auflegen. Damit ist garantiert, dass er sich besser darauf konzentrieren kann und nicht so schnell wieder aus dem Gefühl flüchtet. Dann fragt man den Patienten, wie alt er sich jetzt fühlt, wenn er sich auf das Gefühl einlässt.

Meist wird es als klein und hilflos beschrieben. Jetzt ist der Patient am Ort des ursprünglichen Geschehens, also meist in der Kindheit. Natürlich kann es auch ein früheres Leben sein.

Dies geht natürlich nur, wenn der Patient auf Grund seiner Gesundheit dazu in der Lage ist. Denn dabei treten natürlich die ursprünglichen Gefühle auf.

Anmerkung für Hypnotherapeuten: Sie müssen nicht erst aufwendige Tranceinduktionen praktizieren, um Ihre Patienten in die Vergangenheit zu führen. Der Patient bringt mit seinem Gefühl die Tranceinduktion bereits mit. Es wird oft ein Riesenaufwand betrieben, um den Patienten die Angst vor der Hypnose zu nehmen. Dazu werden völlig unnötige Trancefähigkeitstest mit den Patienten durchgeführt. Alles völlige Zeitverschwendung. Es gibt keine nicht hypnotisierbaren Menschen. Es gibt höchstens unfähige bzw. schlecht ausgebildete Hypnotiseure. Natürlich gibt es auch Indikationen, bei denen man manchmal das übliche Tranceinduktionsprozedere benötigt.

6. Schritt: Gefühle zugänglich machen

Wie unter Punkt 5 beschrieben, sollte der Patient jetzt am Ursprung seiner behindernden Gefühle angekommen sein. Nun ist es wichtig zu verstehen, dass der Therapeut im Moment keinen Erwachsenen mehr vor sich hat. Er muss sich also auf das kleine, innere und verletzte Kind des Patienten einstellen. Genau genommen hat er jetzt plötzlich zwei Patienten.

Das Problem ist, dass das Kind damals allein und verlassen war. Es hatte nicht den Schutz der Eltern, sonst wäre es nicht zu dem Problem und den daraus resultierenden Mustern und Glaubenssätzen gekommen. Der Patient wurde dadurch geprägt. Jetzt sollte diese Prägung verändert und aufgelöst werden. Dies geschieht am besten, indem man den erwachsenen Teil des Patienten anspricht. Also seinen Kopf, der ja weiß, dass er in der Praxis des Therapeuten ist. Man erklärt dem erwachsenen Teil, dass das, was er jetzt fühlt, dass Gefühl seines jüngeren Ichs ist. Also dem kleinen Kind aus der Vergangenheit zugehört. Diese Gefühle waren vielleicht Jahrzehnte unterdrückt und nicht zugänglich. Der Patient muss dabei auch nichts erinnern können. Der Körper erinnert sich ja bereits anhand des Gefühls.

Der Patient muss jetzt nur verstehen und lernen, dass er das Gefühl (das innere Kind aus der Vergangenheit) mit seinem erwachsenen Bewusstsein (der Kopf im Hier und Jetzt) annehmen und dadurch verbinden soll. So kann er die meist jahrzehntelange Trennung zwischen Kopf und Körper aufheben. Er gibt dem inneren verlassenen und verletzten Kind das Gefühl, nicht mehr allein zu sein.

Endlich ist mal jemand für das Kind mit seinem Schmerz da. Es hat sich all die Jahre nichts anderes gewünscht. Dabei sollte der Therapeut darauf achten, dass der Patient am Anfang nicht zu viel redet, sondern fühlt. Denn jetzt liegt die Heilung im »bewussten« Fühlen. Zum Reden braucht man seine Gedanken, die sich im Kopf abspielen. Dadurch muss man sich aber wieder vom Gefühl im Körper, also auch vom verletzten, allein gelassenen Kind trennen.

Im Laufe des Prozesses, in dem sich der Patient mit den Gefühlen verbunden hat und diese auch halten kann, sollte dann das innere Kind auch mal reden dürfen. Also aussprechen, was es nie sagen konnte. Der Therapeut spielt hier eine entscheidende Rolle, denn er ist Zeuge, Schutz und Sicherheit. Das Kind lernt jetzt, dass alles ohne Konsequenzen gesagt bzw. wie auch immer ausgedrückt werden darf. Endlich hat das Kind mal jemanden, der zuhört, der es versteht, ihm Schutz und Sicherheit bietet. Und vor allem nicht bewertet und verurteilt.

Wichtig ist auch, dass der Therapeut den Patienten ermutigt, alles einfach zuzulassen und auch auszusprechen. Sie dürfen bei mir weinen, schreien, fluchen, schimpfen oder was auch immer ihnen hilft, ihre Gefühle ins Fließen zu bringen. Egal wie ordinär, vulgär oder anklagend es auch sein mag: Das innere, verletzte Kind soll sich endlich mal bedingungslos ausdrücken dürfen.

Ich erkläre den Patienten immer, dass die Heilung vor allem darin besteht, die alten und unterdrückten Gefühle auszudrücken, um sie ins Fließen zu bringen, da diese sich sonst im Laufe der Jahre bösartig manifestieren können. Und Worte wie: »Das fand ich echt nicht in Ordnung, was ihr Eltern mit mir gemacht habt !«, haben keine so mächtige Wirkung wie: »Wenn ich ein Messer gehabt hätte, hätte ich euch umgebracht !«, oder: »Ich hasse euch für das, was ihr mir angetan habt !« Worte haben Macht und können Gefühle zum Ausdruck und Energien ins Fließen bringen.

Das Kind sollte natürlich nur das sagen, was es auch fühlt und nie sagen durfte. Patienten, vor allem wenn sie spirituell ausgebildet sind, haben hier oft ein Problem, denn sie wissen, dass sie sich die Eltern und damit auch die Lektionen ausgesucht haben. Dann dürfen sie doch jetzt nicht ihre Eltern, also ihre Lehrer, verurteilen.

Das ist sicher richtig. Was dabei aber nicht berücksichtigt wird, ist, dass durch die Überzeugung, dass alles richtig war bzw. ist, nicht die Gefühle aus der Vergangenheit ins Fließen gebracht und geheilt werden. Denn das Kind in der Vergangenheit wusste von der Abmachung der Seelen nichts mehr. Sonst hätte das Kind ja auch nicht leiden können.

Manche sagen an dieser Stelle: »Ich habe meinen Eltern vergeben !«, »Ich habe es in Liebe aufgelöst !«, »Ich habe es ins Licht geschickt !« oder: »Ich habe ein Ablösungsritual durchgeführt !« Alles schön und gut. All das überdeckt aber immer die im Körper abgespeicherten Gefühle. Und diese wollen durch Fühlen zum Ausdruck gebracht und geheilt werden. Schön reden nützt da herzlich wenig.

In der Quantenpsychologie gibt es ein Tieftrancephänomen, das sich Spiritualisieren nennt. Tieftrancephänomene sind krank machende und selbstzerstörerische Trancezustände, in denen Menschen unter Umständen ihr Leben lang bleiben. Sie entstehen durch Verletzungen in der Kindheit, die das Kind, um sich zu schützen, in eine Trance fallen ließ, aus der es nie mehr aufgewacht ist.

Und wenn Menschen glauben, dass sie durch Denken oder Reden ihr Gefühl lösen können, begehen sie meist einen folgenschweren, oft tödlichen Fehler. Weil sie Angst vor dem alten Gefühl haben, reden sie es sich schön, indem sie es auf eine spirituelle Ebene bringen. Sie leben in der Trance, dass alles so sein musste und sie es nur vom Kopf her verstehen und loslassen müssen. In Kapitel 1.6 habe ich bereits beschrieben, warum Loslassen nicht funktioniert.

Den Eltern und auch sich selbst zu verzeihen ist ein wichtiger und unerlässlicher Prozess, der aber erst nach dem Ausdrücken der im Körper abgespeicherten Gefühle stattfinden sollte. Der Körper hat ein eigenes Gedächtnis und das reagiert nicht auf Worte, sondern auf Gefühle.

Wenn man sich und seinen Eltern im Namen des Zellgedächtnisses des Körpers vergeben hätte, hätte man ja auch nicht mehr diese Probleme und man würde dann auch keinen Therapeuten aufsuchen. Dieser hat ja nur einige Fragen gestellt. Die Gefühle hat ja der Patient. Und die hat er bereits mitgebracht. Wenn also Gefühle aus der Vergangenheit den Patienten im Heute behindern, ist es eben noch nicht geheilt. Egal was man bisher gemacht hat.

Sehr gut ist als Unterstützung die pränatale Psychotherapie geeignet. Hier wird dem Patienten auch tatsächlich körperliche Unterstützung gegeben. Selbstverständlich ist auch jede andere Körpertherapie sinnvoll, die den Patienten im schmerzhaften Gefühl einfach nur hält und Schutz bietet.

7. Schritt: Der Ausblick

Jetzt wird dem Patienten erklärt, dass es in seiner Hand liegt, wie schnell er Heilung erlangt. Er bekommt von mir Übungen mit, z. B. sich immer wieder zu fragen, was er gerade denkt und vor allem fühlt. Dadurch wird seine Eigenwahrnehmung geschult. Er lernt die Verantwortung für seine Gefühle zu übernehmen. Er weiß jetzt auch, dass die Gefühle meist die Gefühle des inneren Kindes sind. Es liegt jetzt am Patienten, wie oft er sich, im Problemfall, vom inneren verletzten Kind abwendet – und es dadurch erneut im Stich lässt und retraumatisiert – oder durch Annehmen der Gefühle es ein Stück weit heilt.

Ich sage den Klienten aber auch, dass sie Selbstsabotageprogramme in sich tragen, die darauf aus sind, sie von ihren Übungen abzuhalten. Denn der Schmerzkörper und das Ego haben sich schließlich an das Leid gewöhnt und Strategien geschaffen, die Sicherheit geben. Und diese soll man jetzt einfach loslassen. Das geht nicht von heute auf morgen. Es braucht einfach Zeit. Deshalb sollte der Patient auch so lange in die Therapie kommen und dort seine Gefühle zum Ausdruck bringen, bis er es irgendwann alleine kann. Bis er sich also in einer schmerzvollen Situation daran erinnern kann, dass die Heilung nicht im Verurteilen, Leugnen, Unterdrücken, Schuldzuweisen oder Wegdiskutieren, sondern ausschließlich im Verstehen, Zulassen und im Fühlen besteht.

Ich stelle mir diesen Prozess immer wie das Abschälen einer Zwiebel vor: Schicht für Schicht wird abgetragen, bis man irgendwann an den Kern kommt. Dieser ist dann schon nicht mehr traumatisch. Denn nicht nur der Kern, also die Kernerfahrung in der Vergangenheit, ist das Problem, sondern das, was im Laufe der Jahre durch die falschen Glaubenssätze daraus gemacht wurde. Und die Schalen symbolisieren die falschen Glaubenssätze, Strategien, Muster und Programme.

Der Patient kommt auch meist nur durch eine Therapie an seine tieferen Gefühle. Allein ist das, zumindest am Anfang, durch den Widerstand der Selbstschutzprogramme des Organismus nicht möglich. Und das ist bei traumatischen Erfahrungen auch gut so.

Der Patient merkt selbst, wenn die Therapie erst einmal beendet ist. »Erst einmal« heißt, dass er natürlich immer wieder mal im Leben auf Themen stößt, für die er professionelle Hilfe benötigt.

Jeder vernünftig denkende Mensch müsste sich darüber im Klaren sein, dass man sich in solchen Situationen nicht alleine helfen kann. Und man geht, wenn man ein Problem mit seinem Auto hat, normalerweise auch zum Fachmann und doktert nicht erst mal ewig daran rum. Wobei ich schon von solchen Menschen gehört habe, die ihr Auto erst einmal ganz kaputt machen müssen, bevor sie sich Hilfe holen.

Einige meiner Klienten kommen schon seit Jahren regelmäßig einmal im Monat oder alle paar Monate. Einfach so, weil sie sich sagen, dass das Ursprungsproblem zwar gelöst sei und sie wissen, was sie alles tun können, um neue Probleme zu verhindern. Aber bevor sich wieder welche unsichtbar einschleichen, gehen sie lieber regelmäßig zum Coaching. Dies ist eine vernünftige Altersvorsorge, denn wie bei der Krebsvorsorge sollte man auch in diesem Fall rechtzeitig gehen, nicht erst, wenn schon ein Tumor da ist. Beim Zahnarzt wird ja auch zur Prophylaxe zweimal jährlich ein Besuch angeraten. Auch das Auto wird in die Inspektion gebracht, damit keine größeren Reparaturen anfallen müssen.

Kurzfassung: Die MB-Methode für Therapeuten / Berater

1. Schritt: Den Patienten annehmen
Die Einstellung in Bezug auf den Patienten überprüfen, ihm mental für sein Kommen danken.

2. Schritt: Den Patienten empfangen
Wahren und respektieren Sie den persönlichen Raum des Patienten, seine Aura. Nehmen Sie ihn mit offenem Herzen an.

3. Schritt: Dem Patienten richtig zuhören
Öffnen Sie Ihr Herz. Der Patient braucht Ihre Liebe und Annahme.

4. Schritt: Die Zusammenhänge erklären
Erklären Sie Ihrem Patienten, was in der Vergangenheit abgelau fen ist und wie es zu seinem Verhalten, Programmen, Mustern, Glaubenssätzen, Symptomen und Krankheiten kam. Was ihn also geprägt hat.

5. Schritt: Die Reise in die Vergangenheit
Führen Sie den Patienten anhand seines nicht gewollten Gefühls in die Vergangenheit an den Ort des Ursprungs des Traumas zurück. Zu der Zeit, die für sein inneres Kind stehen blieb und in der der Körper für seine schmerzhaften Gefühle keinen anderen Ausweg sah, als sie einzufrieren.

6. Schritt: Gefühle zugänglich machen
Jetzt geht es darum, die eingefrorenen Gefühle langsam, aber sicher, im Schutz der Therapie, aufzutauen und ins Fließen zu bringen.

7. Schritt: Der Ausblick
Dem Patienten werden Übungen mitgegeben und weitere Termine mit ihm vereinbart, bei denen immer tiefer in die Vergangenheit zu unbewussten, unterdrückten, ungelösten und eingefrorenen Gefühlen und Situationen vorgedrungen wird.

Dem Patienten wird auch der Zahn gezogen zu glauben, dass das jetzt alles war und er es doch jetzt verstanden hat und selbst lösen kann. Denn häufig besteht eben genau hierin das Problem, denn die Lösung kann nicht vom Kopf her angegangen werden. Vorwiegend das Fühlen in einem geschützten Rahmen überzeugt den Schmerzkörper, dass die Vergangenheit wirklich zu Ende ist.

Wenn der Therapeut nicht von Anfang an darauf hinweist, wird der Patient eventuell denken, er sei unfähig für eine Therapie. Er hat doch alles verstanden, aber warum geht denn dann das Problem nicht weg. Das führt dann über kurz oder lang zu einer Therapiekrise, die der Therapeut durch diese Aufklärung minimieren oder gar verhindern kann.

Anmerkung zur weiteren Arbeit mit Patienten

Die MB-Methode hilft den Menschen, ihr Leben wieder eigenverantwortlich zu leben und Spaß daran zu haben. Viele wollen auch gar nicht mehr verstehen und sind total glücklich, dass es ihnen so gut geht. Und sie wissen ja auch, wo sie sich hinwenden können, sollte wieder etwas auftauchen.

Ein spiritueller Heiler weiß allerdings, dass es das noch nicht war. Denn man sollte eben so weit es geht in die Vergangenheit reisen, wo die tatsächliche Ursache geschaffen wurde.
Und das ist sicherlich nicht dieses Leben.

Das Ursprungstrauma, das alle Menschen haben, ist die Trennung aus der Einheit mit der universellen Energie, die als Gott bezeichnet wird. Dies ist ein Prozess, den nicht viele Menschen gehen wollen oder können.

Es braucht alles seine Zeit. Und so sollte man die Wünsche der Menschen, die zu uns kommen, respektieren. Ich kann als Heiler immer nur Angebote machen und muss respektieren, wenn der Klient noch nicht so weit ist, das heißt wenn er in diesem Leben einen anderen Weg gewählt hat. Dies ist wohl für jeden Therapeuten oder Heiler eine große Herausforderung: Zu sehen, wie ein Mensch sich durch Unwissenheit selbst zerstört. Nur ein wirklich weiser Mensch weiß, dass dem nicht so ist und es zum Lebensplan der betreffenden Person gehört.

Bevor man mit seinen Patienten auf einer so hohen spirituellen Ebene arbeiten möchte oder kann, gibt es ja auch noch viele Ebenen, die zunächst einmal bearbeitet werden sollten. Diese tragen ebenfalls dazu bei, den Patienten auf eine immer höhere Ebene vorzubereiten.

Die in der MB-Methode beschriebenen Schritte zielen auf dieses Leben und die in diesem Körper abgespeicherten und eingefrorenen Gefühle ab. Dies ist aber noch lange nicht alles. Wir haben mehrere Körper, Auren und Energiezonen, die Chakras. Diese sollten in eine ganzheitliche Therapie miteinbezogen werden.

Je nach Ausrichtung und Verständnis des Klienten baue ich schamanische Techniken, Atemarbeit, Holotropes Atmen, Meditationen, Körperarbeit, die Arbeit mit aufgestiegenen Meistern, Engeln und die pränatale Psychotherapie ein.

Dies wird bei meiner Arbeit teilweise integriert oder der MB-Methode nachgeschaltet. Es wird in meinem zweiten Buch beschrieben.

Eine Empfehlung an Therapeuten und Heiler:

An dieser Stelle möchte ich noch eine Warnung an Therapeuten und Heiler aussprechen. Besser gesagt, eine Empfehlung. Lassen Sie Ihre Patienten oder Klienten, wenn diese sich nicht nach Ihren Ideen verändern wollen oder können, einfach ihre eigenen Erfahrungen machen. Dies ist dann wohl so vorgesehen und hat nichts mit der Qualität Ihrer Arbeit zu tun. Sie haben sicher das Beste gegeben.

Ich erlebe immer wieder Therapeuten und Heiler, die ihr eigenes Problem zum Problem des Patienten machen. In der Psychologie nennt man das »Übertragung«. Therapeuten, die die Probleme der Patienten persönlich nehmen, haben ihr Problem noch nicht gelöst. Denn genau genommen benutzen sie ihre Patienten, um nicht selbst in den Spiegel sehen zu müssen. Damit meine ich, dass es Therapeuten gibt, die im Patienten ein Problem sehen und fühlen, das sie in ihrer Vergangenheit auch erlebt haben. Wenn sie den Patienten sehen, fühlen sie sich unbewusst an die Vergangenheit erinnert. Und das fühlt sich nicht gut an. Also muss der Patient so schnell wie möglich geheilt werden, damit sie nicht mehr an ihr Gefühl erinnert werden, sie also nicht in ihren Spiegel sehen müssen. Und das nenne ich dann Missbrauch. Dieser führt immer zu Übertragungen und Gegenübertragungen.

Jeder Therapeut, egal ob Arzt, Psychologe oder sonstiger Heiler, sollte sich einmal die Frage stellen, warum er diesen beruflichen Weg gewählt hat. Wie ich immer behaupte: sicherlich nicht freiwillig. Es ist meist das Helfersyndrom.

Und das kommt auf Grund von eigenen Verletzungen aus der Vergangenheit. Wenn diese geheilt wurden, stellen sie kein Problem mehr dar. Wenn nicht, können sie zum Albtraum werden. Diese Therapeuten geben dann auch häufig Ratschläge, die den Patienten eher in Schwierigkeiten bringen, als dass sie ihm helfen. Sie lieben es, wenn der Patient fragt, was er tun soll. Denn das verleiht ihnen Macht und lässt sie ihre eigene, machtlose Vergangenheit für einen Moment vergessen. Aber wehe, der Patient macht nicht das, was der Therapeut sagt.

Hat ein Heiler seine Vergangenheit geheilt, ist er automatisch »heiler«. Heiler als in der Vergangenheit. Hat er erkannt, dass dies so sein musste, hat er seine Berufung gefunden.

Ansonsten hat er eben nur einen Beruf, in dem er arbeiten möchte oder muss. Hat man seine Berufung gefunden, muss man nie mehr arbeiten gehen.

Er ist dann auch für seine Vergangenheit dankbar, denn diese hat seine übersinnlichen Fähigkeiten ausgebildet. Egal ob er diese schon mit in dieses Leben gebracht hat oder sie auf Grund der Erlebnisse in der Kindheit entstehen mussten, ausgebildet mussten die auf jeden Fall werden. Eine schmerzhafte Kindheit ist automatisch eine gute Schule, um seine übersinnliche Wahrnehmung zu schulen. Ob man etwas daraus macht, hängt natürlich mit dem Lebensplan zusammen.

Die MB-Methode für Patienten oder Menschen, die ihn als Selbsthilfeprogramm verwenden wollen

Vorweg diese Warnung: Die folgenden Ausführungen sind kein Ersatz für eine Therapie. Sie sollten als eine unterstützende Begleitung bei einer Therapie gesehen werden.

1. Schritt: Das Problem annehmen

Der erste Schritt zur Veränderung besteht immer in der Annahme des »Problems« und dem Bewusstsein davon. Das heißt: Sie müssen sich darüber im Klaren sein, dass Sie mit oder in einer Situation ein Problem haben: Sie haben dieses Problem. Und nur Sie können Ihr Problem lösen. Sonst niemand.

Also konzentrieren Sie sich auf Ihr Problem und nicht auf den oder die anderen. Und dazu müssen Sie erst einmal Ihr Problem lokalisieren. Das heißt: Fühlen Sie Ihren Körper. Denn der signalisiert Ihnen, dass etwas »aus dem Ruder läuft«. Das Problem ist nie im Außen, es ist immer in Ihrem Körper. Und der macht auf Grund von Störungen auf sich aufmerksam. Man nennt das Emotion.

»Emotion [lateinisch] die, Gemütsbewegung, Gefühlsregung; in der Psychologie die individuell unterschiedlich ausgeprägte Anteilnahme und Erregbarkeit [...].«
(Quelle: Brockhaus).

Es sind nie die Gedanken, die das Problem ausmachen, sondern das, was diese an Emotionen auslösen. Und was diese auslösen, hat immer mit dem zu tun, was Sie in Bezug auf das, was Sie im Außen wahrnehmen, in Ihrem Inneren abgespeichert haben.

Es sagt Ihnen ja niemand, dass Sie sich schlecht fühlen müssen, wenn Sie jemand »blöd anmacht«. Das sagen Ihnen Ihre Gefühle. Und diese kommen aus dem im Unbewussten abgespeicherten Gefühl, dass der andere Recht haben könnte und Sie tatsächlich »blöd« sind. Nur wo kommt diese Idee her ? Na, woher schon: aus Ihrer Vergangenheit. Muss ich denn alles immer und immer wieder wiederholen. ☺

Siehe Kapitel 1.15: »Worin besteht also ein Problem ?«

2. Schritt: Das Gefühl annehmen

Die Gefühle anzunehmen ist einer der wichtigsten Punkte in Bezug auf Veränderung. Und es bringt Sie sofort aus der Opferrolle in die des Handelnden. Gefühle annehmen bedeutet, wie unter Punkt 1 bereits angesprochen, zu fühlen, wo im Körper Sie etwas spüren. Das kann ein Engegefühl in der Brust sein, ein Kloß im Hals, Atemnot, schnelle und flache Atmung, ein Druckgefühl im Bauch u. v. m.

Heißen Sie Ihre Gefühle herzlich willkommen. Es sind die Gefühle Ihres inneren Kindes aus der Vergangenheit. Dieses möchte einfach nur wahrgenommen und gefühlt werden.

Dies allein bedeutet schon einen Riesenschritt in Richtung Heilung. Es gibt Ihrem innerem jüngeren Ich das Gefühl, endlich mal ernst und angenommen zu werden.

3. Schritt: Die Gefühle ausdrücken

Im Ausdruck der Gefühle steckt eine Botschaft und heilende Wirkung. Gefühle sind Emotionen, die von innen nach außen gebracht werden wollen. Lassen Sie das nicht zu, bleiben die Gefühle im Inneren und können bösartig werden. Es ist wie mit einer Sektflasche: Wenn der Druck zu groß wird, sprengt es den Korken. Wenn Sie nicht wollen, dass es Ihren Organismus »sprengt«, lassen Sie rechtzeitig Druck ab. Also bringen Sie immer rechtzeitig Ihre Emotionen ins Fließen.

Emotionen können immer und überall zum Ausdruck gebracht werden. Es gibt überall Toiletten, auf die Sie sich für einen Moment zurückziehen können, um sich wenn auch nur kurz Ihren Gefühlen zu widmen.

Und wenn es mal wirklich nicht geht, dann sollten die Gefühle nicht dauerhaft unterdrückt werden, höchstens bis zur nächsten Gelegenheit verschoben. Sie müssen sich dann nur wieder an die vergangene Situation erinnern und Ihre Gefühle sind wieder da.

Gefühle ausdrücken kann auf verschiedene Weise erfolgen.

Es hängt natürlich auch immer von der Umgebung und der Situation ab, in der Sie sich im jeweiligen Moment befinden. Zu Hause allein könnten Sie unter Umständen eher mal laut schreien oder schimpfen. In einer Fußgängerzone wäre das sicherlich weniger sinnvoll. Es sei denn, Sie brauchen mal etwas Ruhe und wollen weggesperrt werden. Aber wahrscheinlich wohl eher nicht.

Wenn es möglich ist, gehen und geben Sie dem Impuls der Gefühle nach. Wenn Sie also das Gefühl haben, Sie würden es am liebsten rausschreien, machen Sie es. Haben Sie das Gefühl, weinen zu müssen, dann machen Sie es. Wie auch immer Sie es gerne ausdrücken würden, wenn es irgendwie möglich ist, dann machen Sie es.

Sicherlich leichter gesagt als getan. Und damit meine ich nicht die räumliche Umgebung, sondern den inneren Kritiker. Viele Menschen können ihre Gefühle gar nicht ins Fließen bringen, weil eine innere Stimme oder ein anderes Gefühl es verhindert. Die Stimme oder das Gefühl weiß aus der Vergangenheit, dass es sowieso keinen Sinn macht, denn es ist ja niemand da, den es interessiert. Also warum sich noch mehr Schmerzen zufügen.

Für diesen Teil ist es wichtig zu verstehen, dass er grundsätzlich in Bezug auf die Vergangenheit Recht hatte und es auch richtig war, die Gefühle für sich zu behalten. Nur ab jetzt ist dieser Teil nicht mehr allein, denn ab jetzt ist Ihr Bewusstsein da, um diesen bisher noch unbewussten Teil anzunehmen. Endlich bekommt dieser Teil mal das, war er nie bekommen hat, nämlich Aufmerksamkeit in einer schmerzhaften Situation. Ihre Aufmerksamkeit.

Es ist wie überall. Sie können einem anderen noch so oft sagen, dass sie ihn lieb haben. Erst wenn Sie es ihm auch zeigen, wird er es fühlen und glauben können. Also zeigen Sie Ihrem inneren verletzten und verlassenen Kind aus der Vergangenheit, dass Sie es ernst meinen. Sprüche haben selten jemand so weit gebracht wie Taten. Bei diesem Schritt geht es erst einmal darum, nur die Gefühle zuzulassen und zum Ausdruck zu bringen. Also fühlen Sie Ihr Fühlen.

Manche sagen an dieser Stelle: Das habe ich schon so oft getan und es hat nichts gebracht. Im Gegenteil, ich habe das ganze Wochenende geheult und danach ging es mir nur noch schlechter.

Das ist ja auch kein Wunder, denn sie haben das meist nicht freiwillig getan. Sie konnten einfach nicht mehr anders. Dadurch sind sie passiv und in einer Opferrolle gefangen. Meist schimpfen sie währenddessen oder hinterher darüber. Sie verurteilen also ihr inneres Kind, das sich doch einfach nur zeigen wollte.

Wie würden Sie sich denn fühlen, wenn Sie traurig sind und sich jemandem anvertrauen? Und dieser nimmt Sie dann nicht mal ernst und an, sondern beschimpft Sie auch noch. Weil Sie ihm, wie er glaubt, wertvolle Zeit gestohlen haben. Sicherlich würden Sie sich dann noch schlechter fühlen und mit Sicherheit nicht mehr kommen.

Der Mensch, der einfach »nur« heult, ohne zu wissen, was da passiert, und sich dann auch noch ärgert, macht es nur noch schlimmer.

Die Person, die weiß, was abläuft, und das Gefühl »mit offenen Armen« annimmt, nimmt automatisch die Vergangenheit an. Also ihr inneres und verletztes Kind. Je öfter Sie das machen, umso schneller werden Ihre Emotionen ins Fließen kommen. Wenn die alten, bisher nicht gefühlten Emotionen »abgearbeitet« sind, hört das Ganze auf. Sie werden dann nicht mehr hilflos Ihren Emotionen ausgeliefert sein. Denn diese sind befreit. Jedes Unterdrücken von Emotionen gibt diesen neue Energie und hält sie dadurch am Leben.

4. Schritt: Die Arme und Ihr Herz öffnen

Die Arme zu öffnen habe ich in Schritt 3 schon einmal kurz erwähnt. Hier geht es allerdings ausschließlich darum. Denn es zeigt die Haltung, mit der Sie die Gefühle und dadurch Ihr inneres Kind annehmen.

Es ist ein entscheidender Unterschied, ob Sie zu Ihren eigenen Kindern sagen: »Na gut, dann komm halt, wenn es unbedingt sein muss.« Oder ob Sie Ihre Arme und ihr Herz öffnen und ernsthaft sagen: »Komm zu mir in meine Arme.«

Die Heilung hängt davon ab, wie Sie mit sich und Ihrem Gefühl umgehen. Je öfter Sie sich und Ihr Gefühl mit offenem Herzen annehmen, umso schneller werden Sie frei von behindernden und einschränkenden Gefühlen aus Ihrer Vergangenheit. Freuen Sie sich ab jetzt oder wenigstens ab und zu über Ihre vermeintlich negativen Gefühle. Denn diese sind der Schlüssel zur Heilung.

Wenn Sie sich in eine Umgebung zurückziehen würden, wo man Sie in Ruhe lässt, würden Sie mit Sicherheit nicht mehr verletzt werden. Sie wären aber auf Dauer einsam und Ihr Problem wäre dadurch nicht wirklich gelöst.

Es ist sicher nicht leicht, sich über negative Gefühle zu freuen. Noch schwerer wäre es, sich für den vermeintlichen »Angreifer« zu öffnen. Es wäre allerdings der schnellste Weg raus aus dem Opferland. Denn es gibt keine Angreifer. Ich spreche jetzt nicht von einem körperlichen, sondern von einem emotionalen Angriff. Was Sie als Angriff empfinden, ist eher die Abwehr Ihres Körpers gegen die Gefühle, die jemand in Ihnen auslöst. Wie schon oft erwähnt: Es sind Ihre Gefühle. Der andere hat seine sicher noch.

Wenn Sie sich für Ihren Lehrer oder, wie es viele eher nennen, »Angreifer« öffnen, haben Sie bereits »gewonnen«. Gewonnen an Mitgefühl für sich und den anderen. Der vermeintliche Angreifer hat natürlich auch sein Thema, das er auf Sie zu übertragen versucht. Wenn Sie Ihr Herz für sich und den anderen öffnen, sind und bleiben Sie im »Jetzt«. Sie müssen dann nicht blind und außer Kontrolle in die Vergangenheit reisen, wo Sie dann augenblicklich zu einhundert Prozent zu Ihrem verletzten inneren Kind werden. Und das möchte nur eins: überleben. Koste es, was es wolle. Und Sie können dann nur noch nach alten Mustern reagieren. Mit Agieren ist dann nichts mehr. Sie re-agieren wie eine Maschine, die auf Überleben programmiert ist.

Um es auf den Punkt zu bringen: Sagen Sie JA zu dem, was ist. Alles andere wäre Wahnsinn.

5. Schritt (optional): Gefühle mitteilen

Sollte es möglich sein, wäre es sehr unterstützend, wenn Sie Ihre Gefühle der Außenwelt mitteilen könnten. Es ist aber nicht wirklich entscheidend, deshalb habe ich es auch als optional bezeichnet.

Es würde Ihrem inneren Kind helfen zu verstehen, dass der »Angreifer« nichts mit der Vergangenheit zu tun hat. Sie würden auch aus der passiven Opferrolle kommen. Denn früher durften oder konnten Sie sicher nichts sagen.

Teilen Sie Ihrem vermeidlichen Angreifer mit, was es in Ihnen auslöst. Wenn möglich, nach den Feedbackregeln (siehe Kapitel 2.9). Dies erfordert natürlich die Bereitschaft und das Verständnis des anderen.

Sollte dies nicht möglich sein, gäbe es noch die Option, sich einer Freundin oder einem Freund mitzuteilen, die zuhören kann.

Kann kommt von Können. Ich spreche hier von Können, nicht von Wollen, denn es ist schon eine Kunst, richtig zuzuhören. Der Zuhörer muss in der Lage sein, sein Herz zu öffnen, um einfühlsam zuhören zu können.

Die dabei oft sicherlich gut gemeinten Ratschläge haben in dieser Situation nichts zu suchen. Sie lenken nur vom Gefühl ab. Noch schlimmer wäre es, wenn der Zuhörer auch noch bewerten oder verurteilen würde. All das lenkt von Ihrer Verantwortung ab. Denn nur Sie tragen die Verantwortung für Ihre Gefühle und wie Sie damit umgehen.

Im Zweifelsfall, sollte der »Angreifer« nicht aufhören, müssten Sie sich von ihm trennen. Was auch immer das im Einzelnen bedeuten würde. Jeder kann mit Ihnen machen, was er will, solange Sie es zulassen.

6. Schritt (optional): Wenn Sie schnell vorankommen wollen, suchen Sie sich »Angreifer«

Am schnellsten kommen Sie aus Ihrer Opferrolle heraus, wenn Sie immer wieder freiwillig hineingehen.

Normalerweise versuchen Sie, den »Täterkontakt« zu verhindern oder zu minimieren. Sie möchten mit Ihrem »Angreifer« nichts zu tun haben. Denn der löst unerwünschte Gefühle in Ihnen aus. Sie sind dadurch aber ständig auf der Flucht, nicht nur vor Ihrem »Angreifer«, sondern auch vor Ihrer Vergangenheit. Und wie wollen Sie diese heilen, wenn Sie ständig davor fliehen.

Um irgendwo herauszukommen, müssen Sie so lange hinein, bis Sie wissen, wie und wo Sie da hineingekommen sind. Dann wissen Sie auch, wo es wieder raus geht. Haben Sie das einmal herausgefunden, haben Sie keine Angst mehr, denn Sie kennen jetzt den Weg.

Nur Unwissenheit macht wirklich Angst.

Um also Ihr Opferland genau kennen zu lernen, müssen Sie immer wieder kontrolliert und bei vollem Bewusstsein auf die Reise gehen.

Und wer könnte Ihnen dabei mehr helfen als Ihr vermeintlicher »Angreifer« ? Das würde bedeuten, dass Sie sich absichtlich verletzen lassen sollten. Klinkt zunächst mal etwas pervers. Ist es aber nicht wirklich. Es ist nur ein völlig anderer Ansatz als gewöhnlich. Es gibt Ihnen die sofortige Kontrolle. Denn dann entscheiden Sie zum ersten Mal, wann Sie zum Opfer werden. Ein entscheidender Unterschied, der Ihnen sofort Handlungskompetenz bringt. Sie sind nicht mehr auf der Flucht, sondern bleiben stehen bzw. drehen sich sogar um und stellen sich nicht nur dem »Angreifer«, sondern gehen direkt auf ihn zu.

Und das so lange, bis dieser keine Lust mehr hat. Denn dieser lebt nur von Ihrer Angstenergie.

Es ist ein Ansatz aus der Quantenphysik, der besagt: »Der Beobachter erschafft die Realität, die er ständig neu beobachtet.« Das heißt, dass Sie auf Grund Ihrer Vergangenheit Muster in sich tragen, die darauf aus sind, dass der Schmerz der Vergangenheit nicht mehr auftreten darf. Ihr Organismus scannt auf Grund dieses Musters rund um die Uhr die Umgebung nach »Angreifern« ab. Aber wenn jemand versucht, etwas zu verhindern, muss er ein Bild vom dem, was zu verhindern ist, in sich tragen. Er sieht vor dem inneren Auge ständig das alte Bild. Und da unser Gehirn auf die inneren Bilder genauso reagiert wie auf tatsächliche Bilder im Außen, haben Sie ständig das Gefühl, das Sie doch eigentlich verhindern wollen. Mal bewusst, öfter wohl eher unbewusst.

7. Schritt: Bedanken Sie sich

Wissen Sie eigentlich, wie privilegiert Sie sind ? Nur wenige Menschen haben das Glück, über sich nachzudenken und dann auch noch an sich zu arbeiten.

Schauen Sie sich um: Sie werden sicher schon festgestellt haben, dass die meisten Menschen jammern und unzufrieden sind. Sie schimpfen über die steigenden Preise, die Politik, den Nachbarn oder wen auch immer.
Sie wissen wahrscheinlich nicht, dass sie sich auf Dauer langsam, aber sicher umbringen. Und dabei werden sich noch nicht mal die Preise ändern. Es bringt also nichts.
Sie wissen nicht, dass sie es verändern könnten.
Na, was soll's: Sie machen es auf jeden Fall richtig. Denn Sie lesen dieses Buch und wahrscheinlich noch andere, die Sie auf den richtigen Weg bringen.

Den einzig richtigen Weg, denn es ist der Weg zu Ihrem Herzen. Denn oft mussten Sie in der Vergangenheit Ihr Herz verschließen. Nur geöffnet haben Sie es wahrscheinlich nicht mehr wirklich. Denn das hätte bedeutet, dass Sie die alte Programmierung entdeckt und bewusst geändert hätten.

Haben Sie sich denn schon mal bei sich bedankt ?

Wenn nicht, dann wird es höchste Zeit.

Selbst wenn Sie jemand anderes auf den richtigen Weg gebracht hat: Sie gehen ihn. Und das ist eine wirklich große Leistung.

Also, auf geht's. Bedanken ist angesagt. Am besten wäre, Sie feierten ein Fest. Und das meine ich wirklich ernst. Welches Fest könnte denn wichtiger sein als das Fest der Herzöffnung. Sie können Ihre Freunde einladen und sie daran teilhaben lassen oder Sie feiern allein. Nur feiern Sie !

Es ist ein wichtiges und ernst zu nehmendes Ritual. Rituale haben eine jahrtausendealte Geschichte.

Sie können dieses Fest auch als Ihren neuen oder zusätzlichen Geburtstag feiern. Denn es wird etwas Neues geboren. Ein Teil von Ihnen, der vielleicht schon seit Anbeginn abgespalten war.

Sie können es auch das »Fest der Wiedervereinigung« nennen. Sie verbinden sich mit dem verlorenen Teil. Im Schamanismus spricht man von einem verlorenen Seelenanteil, den man zurückholen muss, da man sonst sein Leben lang nur zum Teil lebt, also nie vollständig ist. Auf Sparflamme sozusagen.

Schreiben Sie das Datum Ihres Festes fest in Ihren Kalender und feiern Sie es jedes Jahr aufs Neue.

Bedanken und belohnen Sie sich.

Egal wie weit Sie auf dem Weg zu sich und Ihrem Herzen sind. Es wird Ihre weitere Arbeit ungemein unterstützen.

Ich möchte Ihnen an dieser Stelle dafür danken, dass es Sie gibt. Ohne Sie gäbe es dieses Buch nicht.

Und ich bin mir durch das Schreiben dieses Buches einen Riesenschritt näher gekommen.

Vielen Dank !

Wenn Sie Hilfe benötigen

Sie müssen das alles nicht allein erledigen. Wie schon erwähnt, ist es theoretisch klar und einfach zu verstehen, worin ein Problem besteht und wie es zu lösen ist. Am Anfang ist es allerdings meist sinnvoll, professionelle Hilfe und Unterstützung zu haben. Ich helfe Ihnen gerne dabei. Zu mir kommen Menschen aus der ganzen Welt. Oft haben Sie Jahre, manchmal auch Jahrzehnte des Leidens hinter sich.

Sie müssen nicht ewig weiterleiden. Sie dürfen es leichter haben. Dazu braucht es nur ein: »Ja ich möchte und brauche Hilfe !«

Ein wichtiger Aspekt in Bezug auf Veränderung ist, dass wir in der Kindheit mit unserem Problem allein waren.

Die Heilung funktioniert allein dadurch, dass Sie am Anfang Hilfe und Schutz haben. Ihr Organismus macht also eine neue Erfahrung. Die Erfahrung, dass er einfach mal so sein darf, wie er sich gerade fühlt. Ob Sie dabei schimpfen, weinen, schreien, verurteilen oder hassen, ist völlig gleichgültig. Ihr Organismus wird durch das liebevolle Annehmen und Begleiten meinerseits die Erfahrung machen, dass er nicht ignoriert, beschimpft, verurteilt oder, noch schlimmer, allein gelassen wird. Das heilt sehr schnell.

Manchen Menschen empfehle ich auch, eine unserer Gruppen oder Selbsterfahrungsworkshops zu besuchen. Der Vorteil einer gleich gesinnten Gruppe ist, dass alle ähnliche Erfahrungen gemacht haben und sie die anderen dadurch gut verstehen und annehmen können. Und für Sie und Ihren Schmerzkörper würde es bedeuten, von mehreren Menschen gleichzeitig das Gefühl zu bekommen, dass Sie in Ordnung und perfekt sind.

Wir bieten laufend Seminare und Workshops in verschieden Bereichen an. Alle zielen darauf ab, den Menschen zu helfen, sich verstehen und heilen zu lernen.

Diese Seminare, Workshops und Ausbildungen sind für jeden Menschen gedacht, egal ob sie aus Neugier, zur Selbstheilung oder aus therapeutischer Sicht besucht werden.

Wir bieten auch Einzelarbeit, Seminare und Videokurse in der MB-Methode an.

Nähere Informationen finden Sie auf unserer Website:

https://michael-begelspacher.com

Oder wenden Sie sich telefonisch an unser Büro.
Tel.: 0049-761-7070280.
Gerne auch per Mail: E-Mail: info@michael-begelspacher.de

Auf unserer Website finden Sie weitere Bücher und Videokurse von mir.

Z. B. „**Burnout - anders betrachtet**“ Richtig verstanden ist es das Beste, was Ihnen passieren konnte, um Ihr Leben positiv zu verändern
ISBN: 978-3-944444-00-0 (Hardcover mit CD)
ISBN: 978-3-944444-01-7 (E-Book)
Hörbuch folgt

Seit Mai 2022 biete ich die Ausbildung in meiner MB-Methode auch als Online Ausbildung an.

Nähere Infos ebenfalls auf meiner Website:

https://michael-begelspacher.com/mb-methode-online-ausbildung/

Über den Autor:

Michael Begelspacher
1959 geboren in Freiburg im Breisgau

Seine Ausbildungen:
Im elektrotechnischen Bereich, in der Informatik, NLP-Lehrtrainer, NLP-Lehrcoach (GANLP / DVNLP), Hypnose-Trainer, Quantenpsychologie, Inner Bonding (Arbeit mit dem inneren Kind), Schamanismus, Channeling, Aura-Soma, Aura-Reading, Engelarbeit, Transpersonale Psychologie, Pränatale Psychotherapie, Psychosomatik, Schmerztherapie, Traumaheilung, traditionelle chinesische Medizin, Psycho-Kinesiologie nach Dr. Klinghardt®, Autonome Regulations-Diagnostik nach Dr. Klinghardt ®, Mentalfeld-Therapie nach Dr. Klinghardt®, psychologische und Heilpraktiker-Ausbildung.

Michael Begelspacher bildet aus und arbeitet seit 1996 in eigener Praxis.

Anschrift:
Michael Begelspacher.
D-79117 Freiburg
Hasemannstr. 15
Tel.: 0049-761-7070280
Internet: https://michael-begelspacher.com
E-Mail: info@michael-begelspacher.de